Do it! IT 교양 시리즈 ①

학교에서 알려 주지 않는 IT 지식

IT 5분 잡학사전

IT 외계어, 5분 안에 싹 정리!

노마드 코더의 니꼴라스·배지현 지음

서버가 먼지 아직도 몰라?
그놈의 API, 대체 뭘까?

이지스 퍼블리싱

Do it! IT 교양 시리즈 ①
IT 5분 잡학사전 — 학교에서 알려 주지 않는 IT 지식

초판 발행 • 2022년 9월 30일
초판 2쇄 • 2023년 1월 30일

지은이 • 니꼴라스, 배지현
펴낸이 • 이지연
펴낸곳 • 이지스퍼블리싱(주)
출판사 등록번호 • 제313-2010-123호
주소 • 서울특별시 마포구 잔다리로 109 이지스빌딩 4층
대표전화 • 02-325-1722 | **팩스** • 02-326-1723
홈페이지 • www.easyspub.co.kr | **페이스북** • www.facebook.com/easyspub
Do it! 스터디룸 카페 • cafe.naver.com/doitstudyroom | **인스타그램** • instagram.com/easyspub_it

기획 및 책임 편집 • 박현규 | **IT 2팀** • 박현규, 한승우, 김은숙, 신지윤 | **교정교열** • 박명희
표지 디자인 • 정우영 | **본문 디자인** • 트인글터 | **삽화** • 김학수 | **인쇄** • SJ프린팅
기술 교정 • 고경희, 조이슬 | **베타테스터** • 이근나, Romuru, 로나루
마케팅 • 박정현, 이나리 | **독자지원** • 오경신 | **영업 및 교재 문의** • 이주동, 김요한(support@easyspub.co.kr)

- 잘못된 책은 구입한 서점에서 바꿔 드립니다.
- 이 책에 실린 모든 내용, 디자인, 이미지, 편집 구성에 대한 판면권과 저작권은 이지스퍼블리싱(주)와
  지은이에게 있습니다.
- 이 책은 허락 없이 복제할 수 없습니다. 무단 게재나 스캔본 등을 발견하면 출판사나
  한국저작권보호원에 신고하여 저작권자와 출판권자를 보호해 주십시오.
  (한국저작권보호원 불법복제 신고전화 1588-0910, https://www.copy112.or.kr)

ISBN 979-11-6303-400-1 13000
가격 16,500원

IT 용어가 범벅이 되어 버린 세상에 이 책을!

안녕하세요? 니꼴라스와 유튜브 노마드 코더 채널을 함께 운영하는 린(lynn)입니다. 니꼬가 한국말이 서툴러서 제가 머리말을 대신하게 되었어요! 노마드 코더 채널은 린과 니꼴라스가 세계 여행을 함께하며 일하는 디지털 노마드 활동을 기록으로 남기려고 시작했습니다. 그런데 어느 날 니꼬가 색다른 것을 찍어 보자고 했어요. 바로 'API가 무엇인지 3분 만에 알려 주마!'였습니다. 그런데 다른 여행 영상보다 조회 수가 훨씬 많이 나왔어요. 그때 '아! 사람들은 코딩, 프로그래밍의 콘셉트를 쉽게 풀어 설명하는 영상을 좋아하는구나'라는 생각을 하게 되었습니다. 그리하여 일명 5분 시리즈가 만들어졌죠! 목표는 문과생인 저뿐만 아니라 60대인 부모님도 보실 수 있는 쉬운 IT 영상을 만드는 것이었습니다. 그렇게 영상을 차곡차곡 쌓다 보니 어느새 조회 수도, 구독자 수도 무럭무럭 성장하여 지금에 이르렀고, 콘텐츠를 책으로도 선보일 수 있게 되었어요! 정말 뿌듯합니다! 책상 옆에 두었다가 '어? 이게 뭐였지' 할 때 쉽게 펼쳐 드는 유용한 책이 될 것 같아요. 영상을 책으로 알차게 엮어 주신 배지현 님, 그리고 이지스퍼블리싱 모든 분께 감사드립니다.

니꼴라스를 대신하여 노마드 코더 기획자 • 린

너무나도 넓은 코딩 세계에 친절한 이정표가 되길 바라며

노마드 코더에서 편집자로 일하던 어느 날, 어쩌면 인생에 한 번도 경험하기 힘든 기회가 찾아왔습니다. '노마드 코더 콘텐츠를 책으로 만들어 볼 생각이 있느냐'라는 제안이었습니다. 평소 작가가 되어 보고 싶은 마음도 있었기에 무작정 도전했습니다.

이 책은 노마드 코더 유튜브 채널에서 다룬 유용한 IT 지식을 그대로 엮지 않고 초보자의 눈높이에 맞춰 보완하여 만들었습니다. 그래서 IT와 관련된 업무를 하는 기획자, 디자이너, 마케터가 읽기 좋습니다. 개발자와 함께 일하며 어려움을 겪었다면 이 책을 읽어 보세요. 단순히 IT 이론을 알려 주는 것이 아니라 전반적인 콘셉트를 쉽게 설명해서 누구나 부담없이 읽을 수 있습니다.

글을 쓸 기회를 주신 이지스퍼블리싱과 린 님께 감사드리며, 서툰 글을 다듬어 주신 박현규 편집자 님께도 감사의 인사를 드리고 싶습니다. 너무나도 넓은 코딩 세계에서 이 책이 여러분 앞길에 친절한 이정표가 될 수 있기를 바랍니다. :-)

노마드 코더 편집자 • 배지현

이 책은 누가 봐야 하나요?

어떻게든 IT를 이해해야 하는 사람이라면 누구나!

이 책은 IT 관련 분야에서 일해서 '어떻게든 IT를 이해해야 하는' 사람들을 위해 만들었답니다. 개발자가 되고 싶은 사람, 개발자와 대화하고 소통해야 하는 마케터나 디자이너 등 IT 세계에서 일하는 사람을 위한 책이죠. 아마 여러분도 이런 경험을 많이 했을 겁니다.

만약 여러분이 이런 용어를 사용하는 사람과 자주 마주쳐야 한다면? 용어를 깊이 알 필요는 없겠지만 어떤 개념인지는 이해할 수 있어야 하겠죠? 노마드 코더 니꼴라스 선생님과 함께 IT 개념과 콘셉트를 이해해 보세요.

베타테스터의 한마디

IT 지식을 이해해야 하는 사람에게 꼭 필요한 책!

저는 비전공자이고, 흔히 말하는 독학과 부트캠프로 개발자가 되었습니다. 그래서 그런지 처음에 개발 관련 지식을 이해하기가 쉽지 않았던 기억이 많이 납니다. 그때 이런 책이 많이 필요했는데 말이죠! 이 책으로 IT를 이해하고 개발자 준비를 시작했다면 좋았을 것 같습니다.
이 책의 장점은 어떻게든 IT 지식을 이해해야 하는 찐뉴비의 눈높이에 맞춰 설명한다는 것입니다. 그리고 니꼴라스 선생님이 해당 기술의 배경이나 원리, 콘셉트를 직접 이야기해 주는 구성이어서 정말 재미있고 이해하기도 훨씬 수월했습니다. 심지어 개발자로 일하는 저도 몰랐던 내용을 소개해서 깊이 있는 지식을 경험했고, 모호한 지식은 제대로 짚고 넘어갈 수 있는 기회였습니다.

- 이근나 • 포스타입 개발자

콜롬비아 커피가 아니라 콜롬비아 IT 지식 한 상 차림을 맛보세요!

아침을 굶고 학교에 가는 자식에게 밥 한 숟갈이라도 먹이려는 어머니의 마음을 먼 타국 콜롬비아 청년한테 느낄 줄은 몰랐습니다! 왜냐고요? 이 책에는 니꼴라스 선생님이 여러분에게 전달해 주고 싶은 '개발자가 되려면 꼭 알아야 하는 지식'이 가득 차 있거든요.
이 책은 개발자이든, 기획자이든, 디자이너이든 상관없이 읽을 수 있는 노하우로 채워져 있습니다. 여러분이 이 책을 읽고 앞으로 IT 분야에서 더 좋은 선택과 경험을 할 수 있기를 항상 응원하겠습니다.

- Romuru • 프런트엔드 지식 공유자 지망생

코딩 공부를 시작할 때 이 책을 미리 읽었으면 어땠을까?

코딩은 머리가 좋은 사람만 하는 게 아니라고 하죠? 맞습니다. 누구나 마음만 먹으면 코딩할 수 있습니다. 하지만 코딩은 초보자가 헤메기 너무 좋은 분야입니다. 모르는 것을 찾느라 인터넷에서 몇 시간을 낭비하기 일쑤죠. 이 책의 저자인 니꼴라스도 비슷한 사람이었습니다.
이 책은 저자가 겪었던 실수를 여러분이 겪지 않길 바라는 마음으로 만들었다는 생각이 듭니다. 코딩의 기본 상식, 개발자의 마인드셋 등을 알 수 있어 좋았습니다. 코딩 공부를 하며 방황하는 사람에게 이 책을 추천하고 싶습니다.

- 로나루 • IT 전문 블로거

감수자·편집자의 한마디

짧은 시간에 IT 기술을 편안하게 습득하고 싶다면?

새로운 프로그래밍 언어와 IT 기술이 하루가 다르게 쏟아지고 있습니다. 아무리 노력해도 모든 기술을 다 접해 볼 수는 없겠죠. 오죽하면 '기술 부채'라는 말이 생겼을까요? 하지만 이 책을 통해 새로운 IT 용어, 새로운 개발 환경, 그리고 새로운 프로그래밍 언어를 빠르고 가볍게 훑어볼 수 있어서 좋았습니다. 니꼬쌤의 음성이 지원되는 것도 좋았어요. 늘 깨어 있는 여러분을 응원합니다.

- 고경희 • 마이크로소프트 MVP, 《Do it! HTML+CSS+자바스크립트 웹 표준의 정석》 저자

비전공자도 이해할 수 있는 IT 지식이 가득해요!

요즘 IT 분야는 알아야 할 내용이 부쩍 많아졌다는 생각이 듭니다. 너무 많은 개념에 빠져 허우적대고 헤메는 사람이 많죠! 이런 상황에 힘들어하는 여러분에게 이 책이 길잡이가 되어 줄 것이라고 확신합니다. 이 책이 있다면 IT 공부에 대한 의욕을 잃지도 않을 것이고, 알고 싶은 것을 찾지 못해 헤메는 일도 없겠다는 생각을 했습니다. 또한 니꼴라스 특유의 친근한 어투가 더해져서 어려운 내용도 쉽고 빠르게 배울 수 있을 것입니다. 개발자도, 개발자가 아니어도 알아 두면 좋을 IT 지식이 가득합니다. 재미있게 보았습니다. 감사합니다.

- 조이슬 • 글루아(Gluwa) 개발자

어떻게든 IT 지식을 이해해야 하는 여러분에게

독자 여러분 반갑습니다. 아마 이 책을 펼친 여러분은 대부분 다음과 같은 어려움을 겪거나 고민하고 있을 겁니다.

- 함께 일하는 사람이 자주 사용하는 API, 라이브러리와 같은 IT 용어를 모른다!
- 디자이너지만 IT 분야에서 일하게 되었는데 배경 지식이 전혀 없다!
- 비전공자이지만 개발자로 취업하고 싶은데 도무지 어떤 세계인지 모르겠다!

그렇다고 전공 수업이나 전문 학원에서 이런 것들을 공부하기에는 시간이 너무 부족합니다. 그리고 배경 지식이 없으니 공부해도 이해하기가 매우 어렵습니다. 이 책은 그런 사람들을 위해 만들었습니다. 쉬운 말로 여러분의 눈높이에서 IT 지식과 용어를 설명합니다. 모쪼록 이 책이 여러분을 IT 세계로 이끌어 주는 좋은 자료가 되기 바랍니다.

- 박현규 • 이지스퍼블리싱 담당 편집자

차례

마당 01
코딩별 안내서 — 기초 편

- 에피소드 01 개발자에 대한 오해 5가지! — 14
- 에피소드 02 어떤 언어부터 공부해야 할까? — 20
- 에피소드 03 새 언어를 쉽게 배우는 노하우? — 25
- 에피소드 04 언어 이름은 왜 그렇게 지었을까? — 29
- 에피소드 05 C, C++, C#은 이름처럼 비슷할까? — 34
- 에피소드 06 왜 나만 오류가 자주 생길까? — 39
- 에피소드 07 파이썬은 왜 이렇게 인기가 많을까? — 44
- 에피소드 08 파이썬이 C 언어보다 느린 이유는? — 51
- 에피소드 09 자바스크립트는 웹 개발에만 쓰는 언어일까? — 55
- 에피소드 10 코틀린은 정말로 자바와 100% 호환될까? — 60

- IT 쿠키 상식 | 프로그래밍 초보자가 하기 쉬운 실수 ① — 42
- IT 쿠키 상식 | 세상에서 가장 난해한 프로그래밍 언어 ① — 49
- IT 쿠키 상식 | 세상에서 가장 난해한 프로그래밍 언어 ② — 65

마당 02
코딩별 안내서 — 웹 기술 편

- 에피소드 11 라이브러리와 프레임워크, 비슷한 거 아냐? — 70
- 에피소드 12 제이쿼리는 반드시 배워야 하는 기술일까? — 75
- 에피소드 13 그놈의 API, 대체 뭐길래? — 78
- 에피소드 14 도메인은 왜 돈을 주고 사야 할까? — 85
- 에피소드 15 플래시의 서비스 종료와 스티브 잡스 — 91
- 에피소드 16 인터넷 익스플로러가 사라진 이유와 브라우저 엔진 — 96

에피소드 17	아, 쿠키가 먹는 게 아니라고요?	101
에피소드 18	프런트엔드, 백엔드?	111
에피소드 19	서버가 뭔지 아직도 모른다고?	115
에피소드 20	슈퍼 개발자만 할 수 있다, 풀스택?	119
에피소드 21	서버리스는 서버가 없다는 뜻?	123

IT 쿠키 상식	프로그래밍 초보자가 하기 쉬운 실수 ②	82
IT 쿠키 상식	웹 개발자라면 꼭 알아야 하는 브라우저 익스텐션 ①	107
IT 쿠키 상식	웹 개발자라면 꼭 알아야 하는 브라우저 익스텐션 ②	128

마당 03

코딩별 안내서
— 컴퓨터 공학 편 ①

에피소드 22	자료구조와 알고리즘은 필수라고?	132
에피소드 23	배열이 뭐죠?	137
에피소드 24	알고리즘의 속도는 어떻게 표현할까?	145
에피소드 25	검색 알고리즘이 뭐죠?	150
에피소드 26	정렬 알고리즘이 뭐죠?	154
에피소드 27	스택, 큐가 뭐죠?	163
에피소드 28	해시 테이블이 뭐죠?	167
에피소드 29	개발자 필수 소양, 클린 코드!	173
에피소드 30	코로나가 준 레거시 시스템의 교훈	179

| IT 쿠키 상식 | 개발자의 책상 위 필수 아이템 | 160 |

마당 04
코딩별 안내서 — 컴퓨터 공학 편 ②

- 에피소드 31 데이터와 단짝 친구, SQL — 184
- 에피소드 32 NoSQL이 뭐죠? — 190
- 에피소드 33 깃 & 깃허브, 똑같은 거냐고? — 194
- 에피소드 34 버전을 표기하는 방법도 있어요? — 198
- 에피소드 35 비밀번호는 어떻게 저장될까? — 202
- 에피소드 36 객체 지향 프로그래밍이 뭐죠? ① — 207
- 에피소드 37 객체 지향 프로그래밍이 뭐죠? ② — 213
- 에피소드 38 함수형 프로그래밍이 뭐죠? — 217

IT 쿠키 상식 | 개발자는 꼭 맥북을 사용해야 하나? — 200
IT 쿠키 상식 | 개발자의 번아웃, 이렇게 대처해 봐! — 222

마당 05
코딩별 안내서 — 최신 기술 편

- 에피소드 39 인공지능, 머신러닝, 딥러닝, 아직도 구분하기 힘들다고? — 226
- 에피소드 40 REST API라니, 휴식 API인가? 이게 대체 뭐죠? — 232
- 에피소드 41 도커가 뭐지? 왜 필요할까? — 237
- 에피소드 42 암호화폐의 진실 — 242
- 에피소드 43 하이브리드… 앱? 뭐라고요? — 250
- 에피소드 44 NFT가 도대체 뭐길래? — 255
- 에피소드 45 멀웨어, 바이러스, 웜 개념 몽땅 정리 — 260

IT 쿠키 상식 | 재택근무 고수의 노하우! — 247
IT 쿠키 상식 | 주니어 개발자가 빠르게 성장할 수 있는 비법 — 266

개념 사전

5분 안에 해결! 코딩&IT 기본 용어 81가지

이 책을 읽으면 다음 IT 용어는 확실히 이해할 수 있습니다!
쪽수를 따라가 내용을 확인해 보세요!

용어	쪽		용어	쪽
객체 지향 프로그래밍	207		절차 지향 프로그래밍	217
검색 알고리즘	150		정렬 알고리즘	154
깃	194		제이슨(JSON)	191
깃허브	194		제이쿼리	71
데브옵스	119		컴파일	53
데이터베이스	185		코볼 언어	179
도메인	85		코틀린 언어	22
도커	237		쿠키	101
디파이	243		쿼리	236
딥러닝	230		큐	163
라이브러리	71		크로스 플랫폼 앱	252
레인보우 테이블	205		클린 코드	173
레지스트리	87		페이로드	262
루비 언어	32		프런트엔드	98
리액트	74		프레임워크	70
머신러닝	228		플래시	91
멀웨어	260		하이브리드 앱	251
명령형 프로그래밍	218		함수형 프로그래밍	217
미사일	262		해시 함수	171
바이러스	261			
배열	140		API	78
백엔드	111		Big-O 표기법	145
버전 표기법	198		C 언어	21
브라우저 엔진	98		C# 언어	32
블록체인	256		C++ 언어	36
서버	115		CSS	24
서버리스	123		DAI	246
선언형 프로그래밍	217		DBMS	185
솔트	206		DELETE	234
스택	163		GET	234
스턱스넷	260		HTML	20
스테이블 코인	246		HTTP	102
시간 복잡도	137		HTTP 메서드	234
알고리즘	132		IP 주소	86
암호화폐	242		NFT	255
인공지능	226		NoSQL	190
인터프리터	52		POST	234
자료구조	132		PUT	234
자바 언어	22		RAM	138
자바스크립트 언어	24		REST API	232
장고	72		SQL	184

마당 01

코딩별 안내서 — 기초 편

코딩 입문하기 전에 즐기는
애피타이저

코딩을 공부하기로 마음먹었다면 아마 어떤 언어가 있는지 살펴보고 책, 학원, 강의를 엄청 찾아봤을 거야. 여러분에게 도움이 될 내용을 알려 줄게!

01 에피소드
개발자에 대한 오해 5가지!

02 에피소드
어떤 언어부터 공부해야 할까?

03 에피소드
새 언어를 쉽게 배우는 노하우?

04 에피소드
언어 이름은 왜 그렇게 지었을까?

05 에피소드
C, C++, C#은 이름처럼 비슷할까?

06 에피소드
왜 나만 오류가 자주 생길까?

07 에피소드
파이썬은 왜 이렇게 인기가 많을까?

08 에피소드
파이썬이 C 언어보다 느린 이유는?

09 에피소드
자바스크립트는 웹 개발에만 쓰는 언어일까?

10 에피소드
코틀린은 정말로 자바와 100% 호환될까?

01
에피소드

개발자에 대한 오해 5가지!

#개발자_천재_아님 #흥미_적성이_더_중요 #수학_실력_많이_안_중요

유튜브나 인터넷 검색을 하다 보면 개발자가 되려는 사람에게 용기를 주려고 '코딩은 아주 쉽다', '개발은 누구나 할 수 있다'와 같은 말을 많이 하지. 그런데 과연 그럴까? 여러분을 위해 조금은 솔직 담백하게 개발자에 대한 5가지 오해와 진실을 이야기해 보려고 해.

오해 1: 개발은 누구나 쉽게 배우고, 할 수 있다?

SNS에서 이런 광고 문구를 본 적이 있을 거야.

흔한 SNS 광고 문구

- "며칠만 공부하면 프로그래머가 될 수 있어요!"
- "프로그래밍은 정말 재미있고 쉬워요!"
- "저희 학원에서 공부하면 100일 만에 개발자가 될 수 있어요!"

온·오프라인 학원이나 부트캠프와 같은 곳에서 책이나 강의를 권유할 때 이런 말을 많이 해. 그런데 좀 생각해 볼 필요가 있어. 어떤 사람에게 프로그래밍은 재미있지 않을 수도 있거든. 만약 프로그래밍이 무작정 쉽다고 말하는 사람이 있다면? 그 사람은 거짓말쟁이일 수 있어! 또, '누구나 쉽게 개발자로 전직할 수 있다'고 하는 건 그 분야에서 일하는 사람을 무시하는 말이니 조심해야 해. 다시 말하지만 프로그래머가 되는 것은 쉽지 않은 일이

야. **직업은 무엇보다 자신의 흥미, 적성과 잘 맞아야 하지.**
물론 프로그래밍을 취미로 하는 건 OK야. 예를 들어 누구나 그림 그리기를 취미로 할 수는 있어. 하지만 그림을 그리는 모든 사람이 화가를 목표로 하지는 않지. 미적 감각을 활용해서 적절한 색깔을 골라 쓰고, 또 구도를 완벽하게 잡아서 그림을 그리진 않잖아. 이렇게 그림을 그리라고 하면 취미로 즐길 수는 없을 거야.

다시 코딩으로 돌아와서 이야기하자. 개발자는 어떤 성향인 사람에게 맞을까? **우선 논리적으로 생각하기를 좋아하고 문제 해결을 즐기는 성향이 필요해.** 이 말만 들으면 되게 멋진 사람으로 보일 거야. 하지만 개발자의 삶은 정말 외로운 싸움의 연속이라고 말하고 싶어. 코드가 왜 작동하지 않는지 고민하다 침대에 누워서 자괴감에 빠져들고, 다시 코드를 수정하고… 이것이 개발

자의 하루야. 주변에 개발자 친구가 있다면 "개발하는 거 좋아해?"라고 물어보면 아마 흔쾌히 좋아한다고 말하는 사람은 없을 거야! 프로그래밍을 하는 과정 자체는 괴롭거든! **하지만 이런 모든 과정을 참고 만들어 낸 결과물에서 느끼는 성취감은 엄청나!** 바로 그 성취감 때문에 프로그래밍을 하는 거야.

그래서 "누구나 프로그래밍을 할 수 있나요?"라고 질문한다면 "개발은 누구나 할 수 있는 것은 아닙니다. 사실 괴롭고 어렵습니다. 하지만 결과물을 보면 정말 뿌듯하죠. 적성이 잘 맞는다면 꼭 도전해 보세요."라고 말해 주고 싶어. 다들 먼저 이 사실을 알고 프로그래밍을 시작했으면 좋겠어.

오해 2: 개발을 잘하려면 암기를 잘해야 한다?

혹시 '개발자라면 프로그래밍 문법이나 지식 등을 다 외우고 있어야 하는 건 아닐까?'라고 생각한 적이 있어? 이것도 초보자가 하기 쉬운 오해야. 주변에서 프로그래밍을 처음 배울 때 시험공부를 하듯이 암기하는 것을 많이 봤어. 그렇다면 프로그래밍 세계에서는? 프로그래밍은 이해하는 과정이 암기력보다 훨씬 중요하지. 나도 새로운 프로그래밍 지식을 공부할 때는 과정을 이해하는 데 시간을 많이 써. 그러다 보면 자연스럽게 내 것이 되거든.

멋진 소프트웨어를 만들기 위해 프로그래밍 문법을 외울 필요는 없어. 문제에 어떻게 접근해서 어떻게 해결할 것인지가 더 중요해. 알맞은 도구를 골라서 적절한 방법으로 문제를 해결하다 보면 멋진 소프트웨어가 나오지. 훌륭한 개발자들은 대부분 이런 식으로 소프트웨어를 개발했어. 암기력과 개발자는 사실 거리가 멀어. 그 대신? 그들은 구글링의 천재야. 구글링이란 검색하는 것을 말한다는 거 알고 있지?

흔히 개발에 능숙한 개발자를 **시니어 개발자**라고 해. 그 이유는 암기력이 매우 뛰어나 검색할 필요가 없어서가 아니야. 개발 과정을 잘 이해하고 있어서 무엇이 필요한지, 또 어떻게 검색해야 문제를 해결할 수 있는지 알고 있기 때문인 거야. **기억해! 좋은 개발자는 암기력이 아니라 개발 과정을 잘 이해할 수 있어야 한다는 것!**

오해 3: 개발자는 천재 또는 해커?

'개발자는 천재 또는 해커'라는 오해는 어디서 생긴 걸까? 이건 다 영화 때문이야. 영화에서 개발자가 어마어마한 속도로 키보드를 두드려 시스템을 순식간에 해킹하는 장면을 본 적이 있지? 물론 이런 개발자는 분명 실력이 뛰어날 거야. 그리고 영화에서 개발자는 대부분 해커의 모습으로 나와.

▶ 뛰어난 개발 실력으로 부정적인 활동을 하는 개발자를 블랙 해커(black hacker), 반대로 긍정적인 활동을 하는 개발자를 화이트 해커(white hacker)라고 해.

영화에서 말도 안 되게 부풀려 표현한 해커의 천재 이미지 때문에 주니어 개발자들의 자신감이 더 떨어지는 것 같아. 다른 프로그래머에 비하면 자신은 한참 부족하다고 생각하기 쉽지. 그 결과 취업은 하지 않고 방구석에 처박혀 계속 공부만 하는 사람도 있어. 열심히 공부하는 학생들한테서 자주 볼 수 있는 유형이지. 영화에 나오는 개발자 수준이 되어야 한다고 생각해서 그런 것 같아. 하지만 사실은 그렇지 않아. 천재만 개발자가 될 수 있는 게 아니야. 이 세상에는 보통 실력을 가진 개발자가 훨씬 많아. 이런 사람들이 세상을 만들지. 주어진 역할을 성실하게 수행하는 사람들이 더 멋진 개발자인 거지. 만약 그동안 자신의 실력을 엄격하게 평가해 왔다면 이젠 멈춰도 괜찮아. 여러분은 이미 개발자로 일할 준비가 되어 있을지도 몰라. 자신의 수준을 낮게 평가하지 않기를 바랄게!

오해 4: 개발자는 타고난 재능이 필요하다?

나는 끈기, 근면 성실함이 재능을 이긴다고 믿어. 컴퓨터를 태어나면서부터 남들보다 잘 다루는 사람도 있기는 해. 예를 들어 분산 데이터베이스 시스템과 같은 아주 어려운 내

용을 빠르게 이해하는 사람? 분명히 있어. 하지만 개발은 재능의 세계가 아니야. 근면 성실의 세계지. 토끼와 거북이 이야기 알지?

개발자가 되려면 '이 함수 고칠 때까지 잠자지 않겠다'라는 각오가 필요해. 이 버그를 잡을 때까지 끝없이 파일을 읽고 또 고치고, 새롭게 다시 시작하고… 이 과정을 반복해야 해. 그래서 나는 끈기와 근면 성실함이 재능을 이길 수 있다고 생각해. 코드와 싸울 때 재능만으로는 결코 이길 수 없어. 이걸 기억한다면 앞으로 여러분은 분명 다른 사람보다 더 능력 있는 개발자로 성장할 수 있을 거야.

오해 5: 개발자는 수학을 잘해야 한다?

의외로 많은 사람이 개발자가 되는 필수 조건으로 수학을 잘해야 한다고 믿고 있어. 개발을 하려면 논리적인 사고 능력이 필요하니까 그런 것 같아. 하지만 이것도 사실이 아니야. 물론 수학을 잘하면 당연히 좋지. 하지만 수학을 못해도 분야에 따라 개발자가 될 수 있어! 물론 인공지능이나 게임 개발 분야와 같은 곳에서는 수학 능력이 필요해. 여기서 말하고 싶은 건 수학 능력이 필수 조건이 아니라는 거야.

그렇다고 해서 수학을 완전히 무시해도 된다는 건 아니야. 어느 순간에 제약이 될 수도 있거든. 수학을 모르면 개발할 수 있는 분야가 제한될 수 있어. 물리 엔진이나 머신러닝 모델, 자율주행, 주식 트레이딩 자동화 도구 개발 등의 분야에 관심이 있다면 수학을 잘해야 해. 쉽게 말하자면 〈아이언 맨〉이라는 영화에 등장한 주인공 토니 스타크가 할 법한 일을 하고 싶다면? 수학을 굉장히 잘해야 할 거야. 참고로 난 수학을 잘 못해. 하지만 괜찮아. 왜냐고? 난 자율주행 시스템 같은 것에는 관심이 없거든! 그래도 내가 만들 수 있는 건 무궁무진하고, 또 필요하면 공부하면 되니까 괜찮아!

지금까지 개발자에 관한 5가지 오해를 알아봤어. 정리해 볼까?

개발자에 관한 5가지 오해와 진실 정리하기

- 오해 1. 누구나 프로그래밍을 잘할 수 있는 건 아니고!
- 오해 2. 프로그래머는 암기력이 부족해도 되고!
- 오해 3. 개발자는 천재이거나 해커가 아니고!
- 오해 4. 코딩은 재능이 아닌 끈기의 영역이고!
- 오해 5. 수학 못해도 개발자가 될 수 있어!

내가 가장 중요하다고 생각하는 건 **오해 4**야. 마지막으로 다시 한번 말해 주고 싶어. **개발에서는 재능이 아니라 포기하지 않음이 더 중요하다는 것**. 개발을 시작하면 많은 오류와 마주칠 거야. 그럴 때마다 좌절하지 말고 포기하지 않았으면 좋겠어. 응원할게!

02
에피소드

어떤 언어부터 공부해야 할까?

#목적에_맞게 #하고_싶은_일부터_생각 #C 언어 #자바 #파이썬 #자바스크립트

만약 오늘부터 프로그래밍을 공부하기로 했다면 어떤 언어부터 시작해야 할까? 프로그래밍 언어를 전혀 모르는 사람이라면 아마 감이 잡히지 않을 거야. 그런데 이 질문은 프로그래밍을 어느 정도 할 줄 아는 사람도 정말 대답하기 힘들 거야. 나 역시도 대답하기 어려워. 왜냐하면 이 질문에는 정답이 없거든. 하지만 프로그래밍으로 하고 싶은 일이 무엇인지 대강이라도 알려 준다면 조금은 쉽게 대답할 수 있을 것 같아. **바로 이게 핵심이야. 프로그래밍으로 하고 싶은 것!**

프로그래밍으로 무엇을 하고 싶은가?

프로그래밍 언어는 목적에 맞게 공부해야 해. 취업을 목표로 한다면 어떤 분야에 관심이 있는지, 어떤 회사에 입사할 것인지를 생각해 봐. 만약 웹 개발 회사에서 일하고 싶다면 HTML, CSS, 자바스크립트를 배우라고 할 거야. 관공서에 취직하려면

나에게 필요한 프로그래밍 언어는?

자바를, 인공지능 연구소에서 일하고 싶다면 파이썬을, 데이터 분석가가 되고 싶다면 파이썬이나 R부터 배우라고 할 거야. 아무 언어나 무작정 배우려고 해서는 안 돼. 그러면 시간을 버리게 되거든. 무엇보다 공부하는 재미도 없고 말이지.

여기서는 개발자들이 많이 사용하는 프로그래밍 언어 가운데 C, 자바, 파이썬, 자바스크립트 이렇게 4개를 설명할 거야. 왜 사용하는지, 어디에 쓸 수 있는지, 어느 곳에 취업할 때 도움이 되는지 등을 말이야.

가전 제품에 이식되는 프로그램을 만들고 싶다면? C 언어

우선 C 언어! C 언어는 제한된 상황에서 최대 성능을 내기 위해 만들어졌어. 그래서 개발자들은 C 언어를 '기계가 소통하는 방식에 매우 가까운 언어'라고 이야기하기도 해. 주변에서 흔히 볼 수 있는 가전제품 있지? 에어컨이나 TV, 스마트 냉장고 같은 기기에 들어 있는 프로그램이 바로 C 언어로 프로그래밍한 거야. 가전 기기에서는 프로그램을 실행하는 부품의 성능이 컴퓨터만큼 좋지는 않아. 예를 들어 냉장고는 음식을 차갑게 유지하는 것이 더 중요하니까 프로그램 실행하는 부품의 성능보다 냉각 부품의 성능이 더 좋아야 해. 그래서 이런 기기에는 C 언어를 사용하여 프로그래밍한 프로그램을 이식하는 거야.

▶ 포토샵이나 프리미어 프로와 같이 이미지 처리를 위해 성능을 최대한 끌어올려야 하는 프로그램도 C 언어로 만들어.

시스템 유지·보수, 안드로이드 앱 개발을 하고 싶다면? 자바

자바는 우리나라에서도 유명하고 실제로 많이 쓰는 언어야. 주로 정부나 은행, 기업에서 많이 사용하지. 그래서 자바를 다룰 줄 알면 취업 시장에서 굉장히 유리해. 아무래도 관련된 채용 공고가 다른 언어에 비해서 많은 편이거든. 그렇다면 자바는 취업 시장에서 완전 짱일까? 아니야. 스타트업에서는 자바 개발자를 많이 구하지 않아. 왜냐하면 자바는 역사가 아주 긴 언어여서 오래된 프로그램을 보수하는 데 더 많이 쓰이거든. 스타트업에서는 최신 기술을 주로 사용하니까 자바 개발자를 많이 채용하지 않는 거야. 정리하자면 자바는 우리나라 대다수 회사에 취업할 때 유리한 언어야. 자바에 기반한 전자 정부 프레임워크를 사용하는 회사가 많거든.

물론 안드로이드 애플리케이션 개발에도 쓰이므로 안드로이드 개발자가 되고 싶다면 자바를 공부해야겠지. 안드로이드 개발 얘기가 나왔으니까 말인데, 요즘 이쪽 진영에서는 자바와 코틀린을 모두 사용해. 코틀린이 뭐냐고? 코틀린은 젯브레인즈(JetBrains)에서 개발했고, 그 이후에는 구글에서 안드로이드 공식 언어로 채택했어. 그런데 코틀린은 프로그램을 실행하기 전에 자바로 완전히 변환되는 특징이 있어서 자바를 알면 코틀린도 빠르게 배울 수 있어. 코틀린은 자바에 비해 나중에 나온 언어라 개발자에게 비교적 편리한 문법이 많은 것도 특징이야.

웹 개발, 인공지능 개발 등 범용성이 매우 넓고 초보자에게 강추! 파이썬

이번에 설명할 언어는 그 유명한 파이썬이야. 파이썬은 프로그래밍 초보자가 입문하기에 가장 좋은 언어야. 왜냐고? 파이썬은 아주 다양한 용도로 사용할 수 있거든. 그리고 현재 가장 많이 사용하는 언어라서 일단 배워 두면 쓸모가 많을 거야. 물론 언어는 시대에 따라 인기가 달라지기는 해. 하지만 당분간은 파이썬이 가장 인기 있는 언어일 거야. 파이썬은 머신러닝도 할 수 있고 데이터 과학 분야에서 사용할 수도 있어. 그뿐일까? 웹 스크래핑, 웹 사이트 만들기, 서버 만들기, 유용한 애플리케이션 만들기 등등 엄청나게 많아. 언어 하나만 배워도 여러 가지를 만들어 볼 수 있으니 호기심에 언어를 배우려고 하는 사람에게는 파이썬이 딱이야. 간단한 프로그램을 만들기에도 적합해.

그리고 이건 내 생각인데, 파이썬은 코드가 아름다워. 좀 이상한 말 같지? 이것저것 공부하다 보면 알게 될 텐데, 비교적 옛날에 만들어진 언어나 기계 수준에 가까운 언어들이 좀 못생긴 편이지. 초보자에게 파이썬을 추천하기 쉬운 이유는 읽기 편하고 코드 모습이 예쁜 것도 한몫해. 아무래도 코드가 깔끔해 보이는 것도 초보자가 다가서기 좋아할 만한 요소니까. 자바 언어는 딱 봐도 복잡하게 느껴지거든.

다음은 파이썬과 자바로 작성한 코드의 양을 비교할 때 흔히 사용하는 예야. 조금 극단적인 예이지만, 실제로 이런 이유 때문에 초보자가 파이썬을 선택하게 만들어!

자바 코드 예
```
public class Main {
  public static void main(String[] args){
    System.out.println("안녕");
  }
}
```

파이썬 코드 예
```
print("안녕")
```

그리고 혹시나 해서 하는 말이지만 자바와 파이썬 코드를 너무 진지하게 비교하지는 말아 줘. 어떤 언어가 더 뛰어난지 이야기하려고 든 예가 아니니까!

웹 개발을 하고 싶다면? 자바스크립트

자바스크립트는 HTML과 CSS까지 합쳐서 생각하는 것이 좋아. 요 세 녀석은 세트 느낌이 있거든. 아무튼 이 녀석들을 줄여서 HCJ라고 할게. 웹 사이트나 웹 앱을 만들려면, 다시 말해 웹 프로그래밍을 하고 싶다면 HCJ를 배우도록 해. 물론 다른 언어로도 웹 프로그래밍 일부는 할 수 있지만 만약 웹 프로그래머를 목표로 한다면 무조건 HCJ를 배워야 해.

특히 자바스크립트는 잘 다룰 수 있어야 해. 왜냐고? 자바스크립트는 버튼을 누르면 데이터를 전송하거나 메뉴를 접었다 폈다 할 수 있는 등 동적인 웹 사이트를 만들 수 있게 해주거든. 심지어 서버 쪽의 코드, 백엔드 영역도 개발할 수 있어. 자바스크립트도 파이썬처럼 다양한 목적으로 코딩할 수 있는 언어이기 때문이야. 만약 웹 프로그래밍 분야의 개발자가 될 생각이라면 HCJ를 공부하되 자바스크립트는 특히 더 열심히 공부하기를 추천할게.

03
에피소드

새 언어를 쉽게 배우는 노하우?

#니꼬의_노하우_대방출 #너도_할_수_있어

이 책을 펼친 사람이라면 대부분 프로그래밍 언어를 빨리 배우고 싶을 거야. 그래서 여기에서는 새로운 프로그래밍 언어를 배울 때 어떻게 했는지 나만의 노하우를 알려 줄게. 최근에 고(Go) 언어에 푹 빠져 살았는데 빠른 시간 안에 공부

해서 그런지 주변 사람들이 무척 궁금해하더라고. 수업을 들었는지, 관련 영상을 보고 공부했는지, 책을 읽었는지 등등 말야. 이참에 새 언어를 배울 때 어떻게 공부하는지 알려 줄 테니 참고해. 난 다른 언어나 프레임워크를 배울 때도 이 방법을 사용했어.

개발자가 새 프로그래밍 언어를 배우는 것이 중요한 이유

일단! 그 전에 하고 싶은 이야기가 있어. 바로 개발자로서 왜 새로운 프로그래밍 언어를 배워야 하는지 중요성 말이야. 만약 우리가 파이썬 개발자라고 가

정해 보자. 그러면 새 언어를 배우기 시작하는 순간부터 여러분의 파이썬 실력은 성장할 거야.

이게 무슨 말이냐 하면 나는 프로그래밍 언어 공부를 자바스크립트로 시작했는데, 중간에 우연한 계기로 하스켈(Haskell)이라는 언어를 배웠거든? **그러고 나서 자바스크립트 코드를 짜는 실력이 이전보다 더 나아졌다는 것을 알게 되었어.** 왜냐하면 하스켈을 공부할 때 그 언어의 문법뿐만 아니라 코드 구조와 철학을 자연스럽게 알게 되었는데, 자바스크립트를 배울 때 알았던 방식보다 더 좋다고 느꼈어. 그래서 자바스크립트로 코드를 짤 때 적용해 봤더니 실력이 쑥쑥 성장하는 느낌이 나더라고.

여기서 말하고자 하는 것은, 새로운 프로그래밍 언어를 공부하면 그 언어에 담긴 철학, 코드 구조, 개념, 패턴 등을 배우는데, 그 내용이 정말 중요하다는 거야. 만약 그런 것들을 여러분의 주력 언어를 사용할 때 녹여 낼 수 있다면 아마 개발자로서 능력이 어마어마하게 발전할 거라고 장담해. 그러니 새 프로그래밍 언어가 나오면 너무 두려워하지 말고 배우도록 하자. 이제 본격적으로 새 프로그래밍 언어를 쉽게 공부하는 방법을 이야기해 볼게.

새 프로그래밍 언어를 쉽고 빠르게 공부하는 방법

방법 1. 공식 문서 살펴보기

첫 번째로 할 일은 프로그래밍 언어의 공식 문서를 살펴보는 거야. 공식 문서에는 그 언어를 만든 사람의 철학부터 시작해서 누가 이 언어를 사용해야 하는지, 올바르게 사용한 예, 관련 커뮤니티 등 모든 자료가 있어. 그래서 일단 공식 문서부터 확인하는 게 좋아. 문법부터 확인하는 것이 아니라!

방법 2. 문법 확인하기

공식 문서를 보고 전반적인 내용을 알았다면 이제는 문법을 볼 차례야. 여기부터는 아마 여러분도 잘하는 방법일 거야. 문법을 보고, 입력하고, 이해하고, 기억하려고 노력하는 거지.

방법 3. 다른 언어와 비슷한 특징 집중해서 보기

만약 기존에 잘 알던 언어가 있다면 이 방법이 유용할 거야. 내가 알고 있는 언어와 새 언어가 얼마나 비슷한지 집중해서 살펴보는 거야. 그러면 공통점, 차이점이 보이겠지? 예를 들면 파이썬과 고 언어에서 함수를 만드는 방법을 비교해 보는 거지. 우리 뇌는 이미 아는 것과 연관을 지어 공부하는 것을 좋아하거든. 이런 식으로 비교한 다음에는 무엇을 해야 할까?

방법 4. 새 언어로 코딩 시도하기

그건 바로 지금 배운 새 언어로 직접 코딩하는 거야! 여기서 중요한 포인트는 최대한 빨리 코딩을 시작해야 한다는 거야. 공식 문서를 더 읽어야 한다면서 시간 낭비하지 말고 일단 코드를 한 줄이라도 작성해 보라는 거지. 엄청난 프로그램을 만들라고 하는 게 아니야. 원래 알고 있던 언어 지식을 바탕으로 함수나 변수를 선언하는 등 특정 패턴을 새 언어로 작성해 보는 거지. 그러면 새 언어에 쉽게 익숙해질 수 있을 거야.

방법 5. 튜토리얼 시작하기

나는 이렇게 4가지 방법을 거친 다음, 공식 문서에 있는 튜토리얼을 시작해. 튜토리얼은 그냥 코드를 복사 & 붙여넣기하는 느낌이 많이 나서 마지막에 하는 편이야. 그리고 수동적으로 따라 하지 않고 오픈소스 프로젝트를 가져와서 해당 튜토리얼을 참고삼아 해체하고 다시 만들기를 해. 프로젝트의 한 마당을 제거하거나 다른 부분을 해체하면서 무슨 일이 일어나는지 살펴보고 다시 조립하는 거지. 그러면 자신감이 점점 붙기 시작할 거야.

방법 6. 나만의 프로젝트 만들기

자신감이 붙었다면 이제 진짜 나만의 코드를 작성할 차례야. 여기서 초보자가 하기 쉬운 실수가 있어. 바로 이전에 만든 적도 없는 프로그램을 만들려고 하는 거지. **챗봇을 만든 경험이 전혀 없는데 새 언어로 챗봇을 만들겠다고 거창한 목표를 세우는 것인데, 이건 아주 잘못된 방법이야.** 새 언어도 어려운데 새 프로젝트를 시도하면 해결해야 하는 과제가 둘로 늘어나는 셈이잖아? 너무 어려운 과제를 스스로에게 안겨 주면 언어를 익히는 과정이 재미없을 거야. 이미 만들어 봤던 주제의 프로젝트를 새 언어로 만들어 봐. 언어만 다를 뿐 프로젝트를 완성하는 과정이나 논리는 같으니까 새 언어를 공부할 때 크게 도움될 거야.

여기까지가 내가 새 언어를 배울 때 쓰는 노하우야. 코딩이나 프로그래밍이 처음인 사람들에게 도움이 되었으면 좋겠군!

04
에피소드

언어 이름은 왜 그렇게 지었을까?

#의외로_뜻_없는_언어도_많음 #자바 #코틀린 #자바스크립트 #C #루비 #파이썬 #고 #러스트

프로그래밍 언어는 종류가 엄청나게 많지? 그런데 자바, C, 파이썬과 같은 프로그래밍 언어의 이름은 어떻게 지어졌는지 궁금했던 적이 있어. 여기서는 몇 가지 재미있는 사연이 있는 프로그래밍 언어 이름을 알아볼 거야. 조금 쉬어 가는 느낌으로 가볍게 읽어 보라고!

자바는 왜 자바일까?

자바(Java)부터 시작해 보자. 자바는 원래 오크라고 이름이 지어질 뻔했어. 이유는 정말 단순해. 오크가 자바 언어를 디자인한 사람 사무실 앞에 있었거든. 참고로 오크는 떡갈나무나 졸참나무를 말하지. 하지만 다행히도(?) 당시에 오크 테크놀로지라는 회사가 이미 있었고, 변호사는 자바 설계자에게 새로운 이름으로 지어야 한다고 알려 줬어. 그래서 고민한 끝에 다음 후보가 나왔어.

DNA, Silk, WRL(WebRunner Language), Java

당시 자바 언어 이름 후보들

그중에 자바가 된 거야! 자바를 선택한 이유는 이 언어를 개발하던 사람들이 좋아하던 커피 종류가 자바라서 그랬다고 하네. 자바 커피는 인도네시아의 섬 자바에서 생산한 원두로 만들어서 이 이름이 붙었어. 아무튼 그래서 자바 언어에는 커피 잔 로고가 있는 거야!

커피 잔 로고를 사용하는 자바 언어

코틀린은 왜 코틀린일까?

다음은 자바의 친척 코틀린(Kotlin)이야. 코틀린은 자바의 영향을 많이 받은 프로그래밍 언어지. 실제로 자바의 업그레이드 버전이기도 하고. 코틀린도 자바처럼 러시아의 섬인 코틀린을 따서 프로그래밍 언어 이름으로 사용했대.

코틀린섬과 코틀린 로고

자바스크립트는 왜 자바스크립트일까?

그다음은 자바스크립트(JavaScript)야. 자바스크립트라는 이름은 어떻게 지었을까? 자바스크립트는 처음에 모카라고 했대. 모카는 커피에 초콜릿을 추가한 것을 말하지? 그러다가 라이브스크립트(LiveScript)로 이름을 바꿨어. 근데… 또 자바스크립트로 변경했지. 왜냐하면 그때 자바가 엄청나게 유행했거든. 그래서 자바의 이름을 활용해서 라이브스크립트를 널리 알리려는 의도로 자바스크립트로 이름을 바꾼 거야.

LS가 됐을지도 모르는 자바스크립트의 로고

그 덕분에 개발자의 관심을 쉽게 이끌어 낼 수 있었어. 실제로 마케팅 전략이 성공했다고 할 수 있지! 물론 무조건 이름 덕분에 성공했다고 하긴 어렵겠지? 아무튼 지금의 자바스크립트는 가장 유명한 프로그래밍 언어가 되었어. 다만 자바스크립트는 이름 때문에 '자바를 보완하는 언어?' 또는 '자바랑 비슷한 언어?'라는 오해를 너무 쉽게 받아. 하지만 기억해! 자바스크립트는 자바랑 아무 상관이 없어.

C 언어는 왜 C 언어일까?

C 언어는 당시 가장 유명했던 프로그래밍 언어인 B 언어의 이름을 따라 지었어. 실제로 C 언어는 이름만 따라 한 것이 아니라 여러 기능 면에서도 B 언어의 영향을 많이 받았어. 그 뒤로 C++ 언어가 나타났어. 참고로 프로그래밍 세상에서 ++는 값을 1만큼 증가시킬 때 사용하는 기호인데, C++가 C에서 조금 더 발전한 언어라는 의미로 이렇게 이름을 지어 준 거야.

C++ 언어 다음에 C# 언어가 등장해. C#에서 #은 음악에서 반올림을 뜻하는 샤프(sharp)의 기호잖아? 음악 세계에서도 #이 조금 증가하는 것을 의미하니까 이렇게 이름을 지은 거야. 근데 #은 + 기호 4개를 붙인 모양이기도 해. 재미있지? 개발자들은 정말 괴짜 같아.

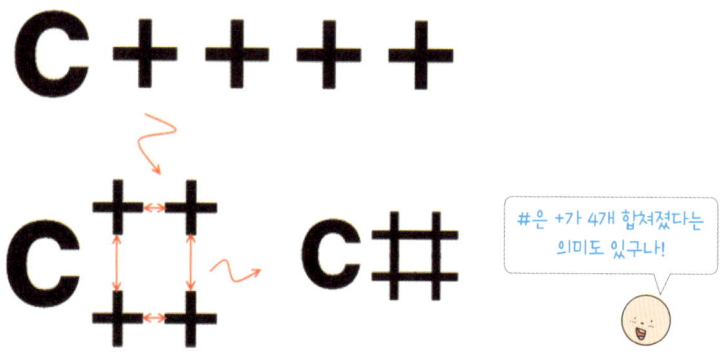

C에서 C# 로고가 나온 과정을 재미있게 표현한 그림

루비는 왜 루비일까?

다음으로 알아볼 언어는 루비(Ruby)야. 루비는 일본 개발자가 만든 프로그래밍 언어인데, 특히 펄(Perl) 언어의 영향을 많이 받았어. 실제 Perl의 발음 [pəːl]이 진주를 뜻하는 pearl([pɜːrl])과 비슷해서 루비라고 지은 거야.

▶ Perl은 practical extraction and report language의 줄임말이야.

파이썬은 왜 파이썬일까?

파이썬(Python)은 놀랍게도 그냥 코미디 쇼의 이름을 따서 지었다고 해. 쇼의 이름은 〈몬티 파이썬〉인데, 뒤에 있는 파이썬만 가져다 쓴 거지. 그런데 파이썬은 비단뱀이라는 의미도 있어서 그런지 비단뱀 2마리를 로고에 사용했어.

비단뱀 2마리를 사용하는 파이썬의 로고

고는 왜 고일까?

고(Go)는 단순히 구글이 만든 언어라서 이런 이름이 붙었다고 해. Google에서 앞의 두 글자만 따면 Go이거든. 그리고 '고'를 검색하면 귀여운 동물 마스코트가 보이는데 그 이름이 고퍼(GOPHER)야. 고퍼는 원래 두더지를 뜻하거든? 그래서 고 로고에 두더지 이미지를 사용한 거야.

두더지를 이미지로 사용하는 고의 로고와 고퍼

러스트는 왜 러스트일까?

마지막으로 소개할 언어는 러스트(Rust)야. 러스트는 '녹슨다', '식물의 녹병'을 뜻하지? 그러니까 러스트는 녹병이라는 곰팡이 이름을 따서 만들었다고 해. 러스트의 창시자가 그런 녀석들을 좋아하는(?) 마니아였다고 하더라고. 진짜로 곰팡이를 좋아해서 만든 이름이었다는 거야. 정말 재밌지? 여러분이 만약 프로그래밍 언어를 만든다면 이름을 뭐라고 지을지 한번 상상해 봐!

곰팡이 이름을 따서 만든 러스트의 로고

05
에피소드

C, C++, C#은 이름처럼 비슷할까?

#언어 #C #C# #C++ #이름만_비슷_용도_다름

C, C++, C#이라는 언어의 이름이 어떻게 지어졌는지 앞에서 소개했으니 알고 있을 거야. 모두 C라는 알파벳을 사용해서 서로 비슷한 것 같지만 사실 그렇지는 않고, 연관성만 조금 있어. 여기서는 어떤 연관성이 있는지 하나씩 설명해 줄게. 세 언어가 탄생하는 과정을 살펴보면서 개발자들이 어떤 필요성 때문에 만들었는지 엿볼 수 있을 거야. 먼저 C 언어부터 시작할게.

컴퓨터의 자원을 효율적으로 쓰는 C 언어

C 언어는 1972년에 탄생했어. 무려 50년이나 되었지! C는 자바, 자바스크립트, 파이썬, PHP, 고와 같은 수많은 언어에 영향을 준 중요한 언어야. 50년 전에 개발하다 보니 C 언어만의 특징이 있어.

C 언어가 처음 등장했을 때 컴퓨터는 어땠을까? 지금처럼 빠르지 않았지.

자원은 부족하고, 프로그램은 만들어야겠고… 어떻게 하지?

그래서 C 언어를 개발할 때에는 **자원을 효율적으로 쓰면서도 최대 성능을 내는 프로그램을 만들 수 있어야 한다**는 것을 최우선으로 했어. 그리고 이 목적을 달성하기 위해 C 언어는 메모리 자원을 정밀하게 조절할 수 있어야 했지. 쉽게 말해 C 언어는 자원이 열악한 상황에서 사용하기 좋은 언어야.

화성 탐사선에 쓰인 C 언어?

C 언어의 특징을 잘 보여 주는 예로 화성 탐사선이 있지. 화성 탐사선 알지? 이 탐사선의 주 역할은 화성에 착륙해서 지면의 모습을 촬영하여 나사(NASA)에 보내는 거였어. 착륙, 이동, 촬영, 자료 전송 기능 정도를 하는 화성 탐사선의 프로그램은 어떤 언어로 개발했다고?

맞아. C 언어로 작성했어. 왜냐고? 화성 탐사선은 프로그램 실행에 필요한 메모리나 프로세서의 성능보다 엔진, 이동 부품, 우주 비행사가 지낼 공간 등 여러 장치가 더 중요했거든. 그래서

▶ NASA는 National Aeronautics and Space Administration의 줄임말로, 우주 계획과 장기적으로 일반 항공 연구를 하는 미국의 국가 기관이야.

될 수 있는 한 메모리를 적게 사용하면서도 최대 효율을 내는 프로그램을 만들기 위해 C 언어를 사용한 거야.

C와 비슷한 C++ 언어

C++ 언어는 C 언어와 비슷해. C++ 언어의 특징은 이 언어를 만든 개발자가 다소 과격하게 표현한 데에서 찾을 수 있지.

"C++가 나왔으니, 이제 C 언어는 불필요할 것이다."

이렇게 말한 이유는 **C++ 언어를 만들 때 C 언어를 포함했기 때문이야.** 그래서 C++ 언어를 C 언어를 확장한 슈퍼셋(super set)이라고도 해. 물론 그렇다고 해서 이 개발자가 말한 것처럼 C 언어가 사라지진 않았어. 지금은 두 언어가 공존하고 있지. 두 언어의 가장 큰 차이점은 '객체 지향인지 아닌지'야. 객체 지향은 절차 지향, 함수형 프로그래밍과 함께 프로그래밍 언어를 바라보는 관점 또는 사용하는 방식이야. 객체 지향, 절차 지향 이런 내용은 이후 [마당 04]에서 자세히 설명해 줄게. 여기서는 이런 것들이 있다 정도만 알아 두고 넘어가자.

아무튼 C 언어는 절차 지향을 지원하고, C++ 언어는 절차 지향, 객체 지향을 모두 지원해서 C 언어에 없는 **class**와 같은 문법이 C++ 언어에는 있기도 해. 그래서 C++ 언어가 C 언어보다 좋다고 오해하기 쉬운데, 그렇지 않아. 실제로 두 언어는 속도 차이는 거의 없어. 다만 만든 철학과 용도가 다른 것뿐이지.

▶ C 언어로 프로그램을 작성하면 실행하기 위해 거쳐야 하는 단계가 적어. 그래서 C 언어를 기계에 가까운 언어라고 해.

마이크로소프트에서 만든 C# 언어

C#은 C, C++과 이름은 비슷하지만 완전히 다른 언어야. 심지어 C#은 C도 C++도 아닌 자바와 비슷한 언어야. **또, C# 언어는 개발자가 개발한 게 아니라 기업에서 필요해 만들었다는 거야.** 그래서 만약 누군가 나에게 "C#은 어떤 언어인가요?"라고 묻는다면 한 줄로 이렇게 답할 거야.

"C# 언어는 마이크로소프트가 만든 자바 언어라고 생각해도 좋아!"

마이크로소프트는 C# 언어를 개발하기 위해 엄청난 시간과 돈을 투자했어. 왜냐고? 마이크로소프트는 닷넷이라는 윈도우 프로그램을 개발하기 위한 도구 또는 실행 환경을 제공하는데, 여기서 C# 언어를 사용하거든. 자신들만의 개발 유니버스를 구축하려고 만든 언어라고 생각하면 돼. 오라클이라는 기업의 주력 언어가 자바 언어인 것처럼 말이야.

20가지가 넘는 플랫폼에 배포할 수 있는 고성능 C#
Unity가 .NET 런타임 구현체를 사용하면서 C#가 가장 인기 있는 게임 개발 언어로 자리 잡았습니다. 엔진이 타겟 기기에 맞춰 C# 코드를 컴파일하기 때문에 데스크톱, 모바일, 콘솔, AR, VR 등 각 플랫폼에 배포할 수 있습니다.

게임을 만들 수도 있는 C# 언어(유니티 공식 사이트 캡처)

C#은 C 언어나 C++ 언어에 비해 실행 속도가 느려. 왜냐하면 C# 언어로 작성한 프로그램은 실행하기 위해 거쳐야 하는 단계가 많거든. 하지만 C# 언어는 공부하기도, 사용하기도 쉽다는 장점이 있어. 나는 유니티 3D라는 게임 엔진으로 게임을 만들어 보고 싶어서 C# 언어를 공부하기 시작했는데, 간단한 게임을 만들기까지 긴 시간이 필요하지 않았어. 만약 윈도우 운영체제 기반에

서 동작하는 프로그램을 개발하고 싶다면 C# 언어를 배우라고 추천할게. 정리하자면 C#은 C, C++만큼 강력하면서도 다재다능한 언어야. 백엔드, 프런트엔드 개발부터 iOS 애플리케이션 개발까지 다양한 영역에서 사용할 수 있어.

지금까지 C, C++, C# 언어를 알아봤어. 세 언어의 장단점과 특징을 각각 한 줄로 정리하면 다음과 같아.

C, C++, C# 언어 정리하기

- C 언어는 세 언어 가운데 가장 오래되었고, 메모리 자원을 효율적으로 사용하면서도 실행 속도가 빠르다.
- C++은 C를 포함하는 언어로, 절차 지향이면서도 객체 지향이다. 실행 속도는 C 언어와 비슷하다.
- C#은 마이크로소프트에서 만든 언어로, 다양한 분야에서 사용할 수 있다. 실행 속도는 세 언어 가운데 가장 느리다.

C, C++ 언어는 제한된 자원을 효율적으로 사용해야 할 때 적합하고 실행 속도가 빨라. 하지만 공부하기도 어렵고, 개발 속도도 느려. C#은 마이크로소프트가 필요해서 만든 언어이고 자바랑 비슷해. 공부하기도 쉽고 개발 속도도 빠르지만 실행 속도는 느리지. 자, 이제 세 언어의 차이점을 확실히 알겠지?

06
에피소드

왜 나만 오류가 자주 생길까?

#우선_내_잘못 #오류_메시지_잘_읽기 #조급하지_않게_천천히

개발 공부를 조금이라도 해본 사람이라면 오류 메시지를 본 적이 있을 거야. 오류 메시지는 보통 콘솔이라는 검정 화면에서 확인할 수 있어.

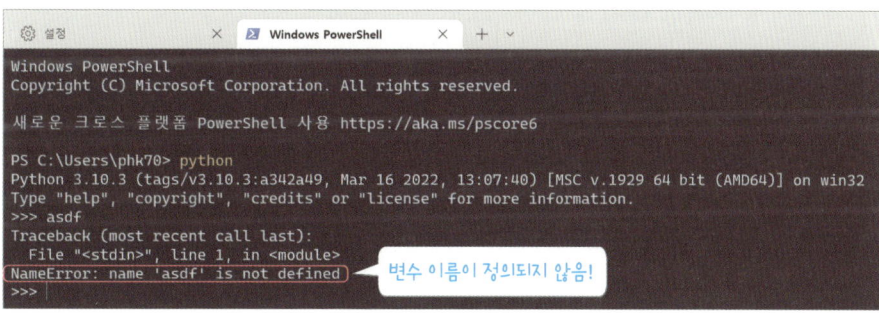

asdf라는 변수 이름이 정의되지 않았다고 알려 주는 오류 화면

이렇게 오류가 나면 어떻게 해야 할까? 여기서는 오류를 어떻게 대처해야 더 나은 개발자가 될 수 있는지 알려 줄게.

오류를 통해 훌륭한 개발자가 되는 방법

훌륭한 개발자란 뭘까? 실수를 하나도 하지 않고 코드를 줄줄이 완벽하게 쓸 수 있는 사람을 말할까? 그렇지 않아. 코드를 처음부터 완벽하게 쓰는 개발자는 이 세상에 없어. 물론 여러분이 지금 막 프로그래밍을 배우는 단계라면 다른 사람보다 좀 더 많이 실수할 수도 있어. 그렇다고 해서 '나는 개발자에 안 맞나?'와 같은 부정적인 생각은 할 필요 없어. 훌륭한 개발자도 실수를 해. 다만 그들은 실수를 그냥 넘기지 않고 성장을 위한 발판으로 사용하지. 그러니 우리도 그렇게 하자고! 그러면 오류를 만났을 때 어떻게 대응해야 하는지 3가지 방법을 알려 줄게.

방법 1. 문제가 생겼을 때 나 자신을 문제에서 빼지 말 것

나 자신을 문제에서 빼지 말라니! 이게 무슨 의미일까? 가끔 오류가 발생했을 때 이렇게 말하지.

> "코드에서 자꾸 오류가 나요!"

이 말에는 어떤 문제가 있을까? 물론 인터넷에서 찾은 문서나 책을 보고 똑같이 코드를 입력했는데도 오류가 발생할 수 있어. **이때 책이나 인터넷 문서 탓만 하면 안 돼.** 외부 요인만 탓하면 발전할 수 없거든. 생각을 바꾸는 거야. 코드가 작동하지 않는 이유는 '코드를 입력한 나 자신 때문이다'라고. 그러면 그때부터 실수가 다르게 보일 거야. 그리고 시야를 더 넓게 가질 수도 있겠지!

방법 2. 오류부터 고치려고 무작정 달려들지 말 것

오류부터 고치면 안 된다니, 이게 무슨 말도 안 되는 소리인가 싶을 거야. **여기서 내가 하고 싶은 말은, 오류를 고치기 전에 오류가 왜 생겼는지를 알아야 한다는 거야.** 물론 오류 화면을 보면 바로 구글에서 검색하거나 커뮤니티에 질문하고 싶을 거야. 화재가 났을 때 불을 끄는 것도 중요하지만 나중에 그 원인을 조사하는 것도 중요하잖아. 원인을 제대로 모르면 또 불이 나기 쉬우니까 말이야. 그래서 오류를 무작정 고치려고 하지 말라는 거야. 왜 오류가 났는지 원인을 찾고 이해해야 나중에 비슷한 상황에서 같은 실수를 반복하지 않겠지?

방법 3. 오류 메시지를 읽을 것

오류를 보면 짜증부터 나지? 왜냐하면 오류가 발생하면 코드를 다시 쭉 훑어봐야 하고, 구글링도 해야 하고, 친구에게 물어보기도 해야 하기 때문이지. 물론 이건 당연히 거치는 과정이야. **그런데! 초보가 절대 안 하는 것이 하나 있어. 그건 바로 오류 메시지 읽기야.** 이건 정말이야. 오류 메시지를 읽지 않는 사람이 정말 많아. 오류 메시지가 난 것만 확인하고 코드로 눈을 바로 옮기는 사람이 많은데 그러면 안 돼! 오류 메시지에는 대부분 오류가 발생한 위치와 원인, 오류를 고치는 방법이 친절하게 적혀 있어. 그러니 오류 메시지를 읽는 시간을 아까워하면 안 돼.

가끔 내 강의를 시청하다가 "왜 이런 오류가 났나요?"라고 물어보는 사람이 많은데 그때 나는 "우선 오류 메시지를 읽어 보세요"라고 말해. 정말로 거기에 원인이 다 적혀 있거든. 오류가 나서 화난 그 마음은 잘 알지만 코드로 돌아가지 말고 오류 메시지부터 읽는 습관을 기르도록 해.

IT 쿠키 상식 | 프로그래밍 초보자가 하기 쉬운 실수 ①

아마 아는 사람도 있겠지만, 난 프로그래밍을 독학했어. 그래서 그런지 프로그래밍을 배우기 위해서 꼭 대학을 갈 필요는 없다고 생각해. '개발자가 되는 데 대학 졸업장이 반드시 필요하지 않다'는 이야기지. 그렇지만 온라인 강의, 책 등을 이용해서 혼자 공부하기란 참 힘든 일이야. 초보 개발자가 빠지기 쉬운 함정도 많고 실수도 많이 하게 되니까 말이야. 프로그래밍을 독학한 사람들이 흔히 저지르는 실수와 피하는 방법을 알려 줄게!

🍪 실수 1: 공부만 하고 실제로 무언가 만들어 보지 않는다

많은 사람들이 프로그래밍 공부를 시험 준비하듯이 해. 책 읽고, 필기하고, 암기하고… 이런 식으로 말야. 그런데 프로그래밍은 그렇게 공부하면 안 돼. 프로그래밍은 손으로 직접 해야 해. 프로그래밍은 동사라고! 프로그래밍을 배운 사람이라면 결국 무언가를 만들게 돼. 그래서 그저 글을 읽고 외우기만 하는 건 시간 낭비야.

프로그래밍을 공부한다면 나만의 코드로 프로젝트를 완성하는 것을 목표로 해야 해. 선생님이 칠판에 적어 준 것처럼 코드를 따라 적고, 책에 있는 코드를 베끼기만 해서도 안 돼. 너 자신의 힘으로 프로그램을 만들어야 해.

또, 중요한 것 하나! 초보자에게 맞는 현실적인 목표를 세워야 해. 몇 가지 예를 들어 볼까? 계산기 만들기, 웹 스크래퍼 만들기, 미니 게임 만들기와 같이 겁나 쉬운 것부터 시작하면 돼. 기억해! 무언가를 만들고 창조해야 여러분의 프로그래밍 실력이 늘 거야.

▶ 웹 스크래퍼(web scrapper)는 자동화 방법으로 인터넷을 검색하고 정보를 수집하는 프로그램을 말해.

🍪 실수 2: 항상 프로그래밍을 할 준비를 더 해야 한다고 생각한다

아까 이야기한 것의 연장선인데, 많은 초보자가 늘 '난 아직 프로그래밍을 할 준비가 되지 않았다'고 생각한다는 거야. 이것도 어떤 의미에서는 실수야. 왜냐하면 프로그래밍을 할 기회를 그만큼 잃어버리는 것이거든. 아직 충분히 배우지 못했다고 생각해서 프로그래밍을 할 시도조차 하지 않는 초보자를 많이 봤어. '수업을 하나 더 들어야 한다, 책을 더 봐야 한다, 강의를 더 들어야 한다'라고 하는데 이건 핑계일 뿐이야. 이렇게 자신을 과도하게 낮추면 오히려 좋지 않아. 이런 상황에서 벗어나려면 어떻게 해야 할까? 바로바로 아까 말했던 [실수 1]을 다시 읽어 보고 바로 프로그래밍을 시작하면 돼.

뭐든지 간에 만들기 시작하면 일단 완성된 결과물이 눈앞에 나타날 거야. 그 결과물에는 이때까지 여러분이 배웠던 모든 것이 들어 있겠지. 그걸 눈으로 보는 순간 두뇌는 준비되었다고 인지할 것이고, 저 바닥까지 떨어져 있던 자신감이 반대로 쭉쭉 올라가서 '나는 준비되어 있구나!' 하고 자신을 믿게 될 거야.

그런 사람들 있지? 계속 말로만 코딩하고, 강의를 사재기하고, 책만 모으는 사람. 그렇게 눈으로만 보고 말하는 사람은 사실 무언가를 만들지 않아. 이런 사람은 자신의 실력을 확인할 수 없기 때문에 자신에 대한 믿음이 생길 수가 없지. 그래서 계속 더 준비해야 한다고 하는 거야. 자신의 성과를 측정하고 싶다면 일단 뭐든지 좋으니까 만들어 봐.

07
에피소드

파이썬은 왜 이렇게 인기가 많을까?

#영어랑_비슷 #활용_범위_매우_큼 #커뮤니티_큼 #초보자가_배우기_좋음

이번에는 요즘 엄청나게 인기가 많은 파이썬! 이 녀석이 왜 이렇게 인기가 많은지, 그리고 어떻게 활용할 수 있는지 이야기해 볼 거야.

개발자들은 파이썬을 정말로 좋아할까?

개발자가 어떤 언어를 좋아하는지 알고 싶다면 스택오버플로라는 사이트의 설문을 보면 돼. 스택오버플로가 무엇이냐! 하면 개발자가 가장 많이 질문하고 답변하는 커뮤니티야. 개발자의 성지라고 할 수 있지. 여기서는 매년 개발자가 궁금해할 만한 주제들을 놓고 설문 조사를 하고 발표해. 다음 주소에 접속해 볼까?

스택오버플로 공식 사이트

- insights.stackoverflow.com/survey/2021#technology-mostpopular-technologies

그럼 다음 화면을 볼 수 있어. 가장 인기 있는 기술(Most popular technologies)로 자바스크립트, HTML/CSS, 파이썬이 순서대로 보이네.

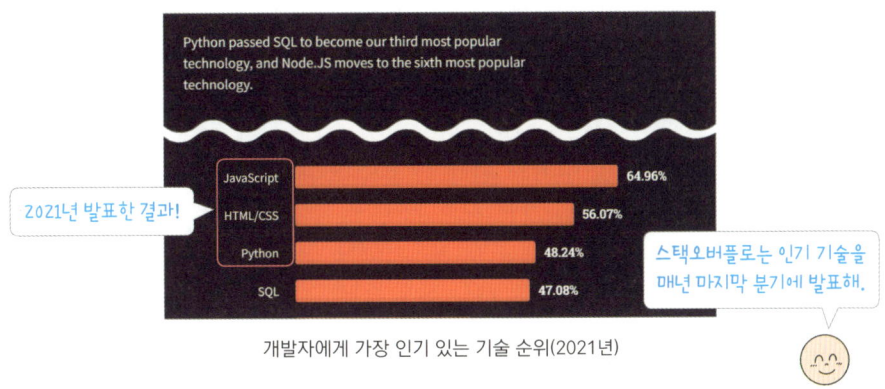

개발자에게 가장 인기 있는 기술 순위(2021년)

이 자료는 매년 발표하므로 이전 자료도 볼 수 있어. 아까 알려 준 주소에서 2021을 2018로 고쳐서 접속해 봐.

가장 인기 있는 기술

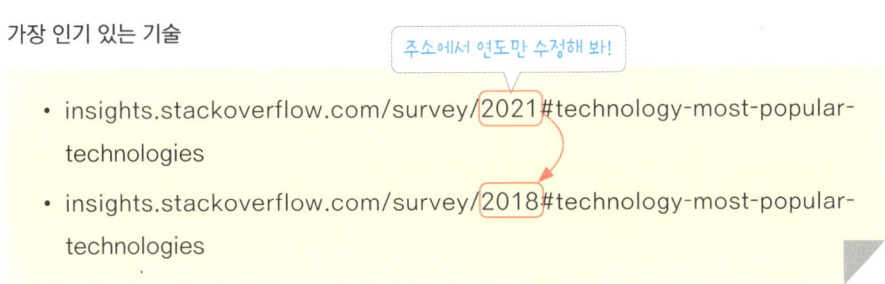

- insights.stackoverflow.com/survey/2021#technology-most-popular-technologies
- insights.stackoverflow.com/survey/2018#technology-most-popular-technologies

그러면 파이썬의 순위가 계속해서 올라가는 것을 쉽게 알 수 있을 거야. 2018년 기준 자료를 보면 파이썬은 분명 자바보다 순위가 낮았어.

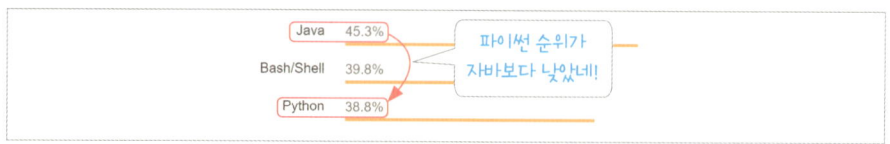

자바보다 순위가 낮았던 파이썬(2018년)

파이썬 순위가 올라갔다는 건 파이썬의 인기가 고공행진하고 있다는 증거야. 그럼 도대체 왜! 파이썬의 인기는 날이 갈수록 높아질까? 파이썬이 인기가 많은 이유를 한 문장으로 말하긴 어렵겠지만 많은 사람들이 공감하는 이유를 생각해 봤어.

인기 이유 1. 파이썬은 영어와 매우 비슷해서 친숙하다

첫 번째 이유는, 파이썬은 그 자체로 영어와 매우 닮았기 때문이야. 우리가 일상에서 사용하는 언어의 구조와 비슷한 거지. 그러니 프로그래밍 언어를 아예 모르는 사람도 파이썬은 거부감이 덜해. 심지어 어떤 코드는 '무슨 일을 하기 위한 코드인 것 같다'라고 짐작할 수 있을 정도야. 아마 그래서 초보 개발자가 파이썬을 좋아하는 것 같아. 물론 경험이 많은 개발자에게도!

인기 이유 2. 파이썬은 활용 범위가 매우 넓다

두 번째 이유는, 파이썬은 활용 범위가 매우 넓기 때문이야. 실제로 파이썬은 특정 분야에서만 쓰는 언어가 아니야. 만능 도구인 거지. 그래서 개발 공부를 이제 막 시작한 초보자에게 추천하기 좋은 언어이기도 해. 왜냐하면 다른 언어는 사용할 수 있는 분야가 한정된 경우가 많거든. 이것도 저것도 해보고 싶은 사람에게는 파이썬만 한 것이 없어. 파이썬으로 할 수 있는 개발 분야는 지금 생각나는 것만 해도 이렇게나 많아.

파이썬으로 할 수 있는 개발 분야

- 인공지능 & 데이터 분야: 케라스, 텐서플로, 판다스 등
- 웹 개발 분야: 장고, 플라스크 등
- 업무 자동화 분야: 엑셀, 메일 보내기 등
- 이미지 처리 분야
- 게임 분야
- GUI 분야 등

새로운 언어를 배울 필요 없이 파이썬 하나만 알면 이렇게 여러 분야를 모두 해볼 수 있으니 '완전 개이득'이지! 새 분야를 위해 새 언어를 매번 공부하는 것보다는 이게 훨씬 낫지 않겠어?

인기 이유 3. 파이썬의 커뮤니티가 어마어마하게 크다

세 번째 이유는, 바로 파이썬의 커뮤니티 크기 때문이야. 파이썬 커뮤니티는 정말 어마어마하거든! 왜냐하면 아까 말했던 것처럼 파이썬의 활용 범위는 아주 넓으니까 개발자도 다양한 분야에서 모이기도 쉽거든. 머신러닝, 웹 개발, 해킹, 데이터 분석, 수학자, 금융 전문가 등 다양한 분야에서 자신이 만든 프로그램(오픈소스)을 들고 커뮤니티를 이뤄 활동해. 그러니 다른 언어에 비해 더 많은 강의와 영상, 질의응답을 쉽게 찾을 수 있지. 이처럼 풍요로운 커뮤니티는 개발 초보자에게는 큰 도움이 되지!

인기 이유 4. 파이썬의 업무 자동화에 완전 찰떡

마지막은 파이썬이 업무 자동화에 완전 찰떡 언어라는 점이야. 이걸 영어로는 스크립팅(scripting)이라고 하는데, 지루한 반복 작업을 자동화해 주는 것을 말해. 예를 들어 수백 개가 넘는 PDF 파일의 이름을 바꿔야 할 때 파이썬으로 스크립팅을 할 줄 안다면 몇 시간이 걸릴 일을 몇 초 만에 할 수 있어. 이렇게 소소한 곳에서도 큰 도움을 받을 수 있으니 파이썬이 인기가 많을 수밖에 없는 거야. 회계사, 법조인, 학생, 공무원 등 누구든지 조금만 공부하면 파이썬으로 스크립팅 정도는 할 수 있어.

IT 쿠키 상식 | 세상에서 가장 난해한 프로그래밍 언어 ①

어떤 개발자들은 아주 난해하고 웃기면서(?) 어려운 프로그래밍 언어를 만들어서 프로그램을 만들기까지 해. 우리가 보기에는 정말 머리 아프지만 이런 것들을 즐기는 개발자가 꽤 많아. 이번에는 머리도 식힐 겸 세상에서 가장 난해한 프로그래밍 언어를 알아볼 거야. 이런 언어는 프로그래밍 언어의 한계를 테스트한 개발자들의 결과물이라고 생각하면 좋을 것 같아. 가끔 우리가 사용하는 말을 얼마나 잘 쓰는지 시험하고 싶을 때 말장난을 하잖아? 그런 거랑 비슷한 거야.

난해한 언어 1: Brainfuck

첫 번째는 브레인퍽(Brainfuck)이라는 언어야. 이름이 아주 충격적이지? 알다시피 f로 시작하는 이 단어는 매우 상스러워서 많은 사람들이 이 언어를 언급할 때 Brainf*ck이라고 표기하지. 그만큼 이 언어는 사용하는 사람의 두뇌 한계를 시험할 정도로 난도가 높아. 왜냐하면 이 언어는 너무 미니멀리즘하기 때문이야. 무슨 말이냐면 이 언어는 달랑 8개의 문자(>, <, +, -, ., ,, [,])로만 프로그래밍해야 해. hello world 프로그램 알지? 개발자가 특정 언어를 배울 때 처음 만드는 대표 프로그램이지. 다음은 이 언어로 만든 hello world 프로그램이야.

> Brainf*ck으로 작성한 hello world 프로그램
>
> ```
> ++++++++++[>+++++++>++++++++++>+++>+<<<<-
> ]>++.>+.+++++++..+++.>++.<<+++++++++++++++.>.+++.------.--------.>+.>.
> ```

🎬 난해한 언어 2: ArnoldC

두 번째로 소개할 언어는 아널드시(ArnoldC)야. 아널드?! 그래 이 언어는 영화배우 아널드 슈워제네거(Arnold Schwarzenegger) 이름에 C를 더한 언어야. 무슨 말이냐고? 언어는 아널드 슈워제네거가 영화에서 했던 대사로 이루어져 있어. 거짓말 같지? 실제로 공식 사이트도 있어.

다음은 아널드시로 작성한 hello world 프로그램이야. 화면에 문자를 출력할 때는 TALK TO THE HAND, 프로그램 끝낼 때는 YOU HAVE BEEN TERMINATED 라고 적네. 정말 웃기지 않아? 다른 문법도 정말 웃겨. 궁금하면 공식 사이트에 접속해서 찾아봐!

▶ 아널드시 공식 사이트: lhartikk.github.io/ArnoldC

영화에서 "It's showtime"을 외치는 아널드 슈워제네거의 모습

ArnoldC로 작성한 hello world 프로그램

```
IT'S SHOWTIME
TALK TO THE HAND "hello world"
YOU HAVE BEEN TERMINATED
```

08
에피소드

파이썬이 C 언어보다 느린 이유는?

#언어_성능_문제_아님 #인터프리트_언어 #컴파일_언어

이번에는 파이썬이 C 언어보다 느린 이유를 설명할 거야. 참, 내가 이렇게 말한다고 해서 '파이썬은 느린 언어'라고 오해하면 안 돼. C 언어에 비해 느리다는 것이지 파이썬 언어 자체가 느리다는 이야기는 아니야. 알았지? 아무튼 프로그래밍 언어의 속도는 모두 같진 않아. 왜 그럴까? 이걸 이해하려면 우선 컴퓨터가 프로그래밍 언어를 어떻게 받아들이는지 알아야 해. 무슨 말이냐면 컴퓨터는 프로그래밍 언어를 있는 그대로 받아들이지 못해. 그림을 볼까?

흔히 컴퓨터는 0과 1만 이해할 수 있다고 하지? 그림에서 보듯 컴퓨터는 0과 1만 받아들일 수 있어. 그래서 프로그래밍 언어는 반드시 0, 1로 해석해 주는 과정을 거쳐야 해. 바로 여기에 프로그래밍 언어 속도의 비밀이 숨어 있어. 지금부터 프로그래밍 언어는 어떻게 0, 1로 번역되는지 알아보자.

▶ 컴퓨터 언어는 0과 1, 즉 이진법으로만 이루어져. 그래서 우리가 흔히 쓰는 코드로는 컴퓨터에게 명령을 내릴 수가 없는 거야.

2가지 방법으로 번역되는 프로그래밍 언어

프로그래밍 언어는 크게 2가지 방법으로 번역되는데 번역하는 방법에 따라 각각 인터프리트 언어(interpreted language), 컴파일 언어(compiled language)라고 해. 인터프리트 언어에서 인터프리트는 '해석하다' 정도로, 컴파일은 '편집하다' 정도로 직역할 수 있어. 직역한 것만으로는 어떤 차이가 있는지 바로 이해하기 힘들 텐데, 사실은 그렇게 어려운 개념이 아니야. 인터프리트 언어는 동시 통역, 컴파일 언어는 도서 번역으로 비유할 수 있어. 조금 더 자세히 알아보자.

동시 통역사처럼 해석하는 인터프리트 언어

만약 우리가 튀르키예(구 터키)에 있다고 생각해 보자. 그럼 여기에 사는 사람들은 터키어로 대화를 나눌 거야. 그런데 우리는 영어만 할 줄 알아. 만약 누가 터키어로 우리에게 이야기하면 아무리 천천히 말해도 무슨 소리인지 1도 알아듣지 못할 거야. 이때 옆에 영어와 터키어를 모두 할 줄 아는 친구가 있다면 터키어를 영어로, 영어를 터키어로 동시 통역해 줄 테니 편리하겠지?

동시 통역사 같은 인터프리트 언어

이런 방식으로 실행되는 대표적인 프로그래밍 언어가 파이썬과 자바스크립트야. 인터프리트 언어는 중간에 동시 통역사 역할을 해주는 인터프리터라는 녀석이 0과 1을 사용해서 프로그래밍 언어를 **실시간으로 번역해 줘.** 만약 너

희가 파이썬이나 자바스크립트로 코드를 작성하면 중간에 인터프리터가 0, 1로 번역하여 컴퓨터에게 전달하는 방식으로 실행되는 것이지.

도서 번역가처럼 해석하는 컴파일 언어

그럼 컴파일 언어는 어떨까? 이건 번역가가 원고를 읽고 통째로 번역한 다음, 우리에게 전달해 주는 느낌이야. 아까 예를 든 상황에 대입하면 터키어와 영어를 모두 잘하는 친구가 터키어로 말한 사람의 이야기를 모두 듣고 나서 한꺼번에 영어로 번역해서 우리에게 주는 거지.

도서 번역가 같은 컴파일 언어

이렇듯 **인터프리트 언어와 컴파일 언어의 차이는 실시간 여부에 달려 있어.** 그리고 바로 이런 이유로 프로그래밍 언어에 속도 차이가 조금 생기는 거야. 그럼 이 내용도 구체적으로 알아 보자.

프로그래밍 언어에 속도 차이가 나는 이유

아까 설명한 내용을 바탕으로 파이썬이 C 언어보다 느린 이유를 설명해 볼게. 파이썬은 인터프리트 언어이고, C 언어는 컴파일 언어라고 했지? 쉽게 말해 파이썬은 컴퓨터에게 실시간으로 0과 1로 이뤄진 문장을 주절주절 실시간으로 통역해 줄 거야. 인터프리터가 매 순간 파이썬 언어를 0과 1로 통역해야 하는 것이지. 그러므로 인터프리터가 작업해야 하는 횟수는 코드가 많을수록 늘어나는 거야.

하지만 C 언어는 반대야. 완성된 코드를 한꺼번에 묶어서 통번역하므로 작업 횟수가 한정되어 있어. 그러니 C 언어가 더 빠른 거야. 중간 과정이 매우 단순하잖아.

▶ 일하는 과정 자체가 단순하다는 것이지 번역이 쉽다는 이야기를 하려는 것이 아니야!

인터프리트 언어는 오류를 제때 알기 힘들다

인터프리트 언어가 느린 이유는 또 있어. 아까 튀르키예 사람이 사용한 단어나 문장을 내 친구가 모르는 경우를 생각해 보면 돼. 인터프리트 언어에서는 친구가 동시 통역을 하다가 모르는 단어가 나오면 그때 "무슨 말인지 모르겠어."라고 알려 줄 거야. 그러면 대화가 막히겠지? 이런 상황은 개발자에게는 치명적이라고 할 수 있어. 왜냐고? 코드 100줄로 프로그램을 작성했는데 97번째 줄까지 잘 실행되다가 98번째 줄에서 오류가 발생한 셈이니까. 그러면 97번째 줄까지 실행한 시간은 다 버린 셈이 되거든.

반면 컴파일 언어에서는 종이에 적힌 단어를 다 번역할 때까지 대화를 시작하지 않아. 쉽게 말해 항공 편 예매를 위한 가이드를 보다가 번역되지 않는 지점을 발견하면 "지금 대화하기 어렵겠는데? 여기를 완벽하게 이해한 다음에 대화를 시작해야 할 것 같아."라고 미리 알려 주는 것이지.

내가 쉽게 설명하려다 보니 조금 과도하게 일반화해서 비유를 들었는데, 핵심을 이해해 주면 좋겠어. 개발자라면 이 설명이 딱 맞지 않아서 불편할 수도 있어. 나의 의도는 전체 흐름을 설명하는 데 목적을 두었다는 것을 알아 줬으면 좋겠어!

▶ 사실 파이썬도 컴파일 언어처럼 동작할 수 있어. 하지만 파이썬은 보통 인터프리트 언어로 동작해. 컴퓨터와 어떻게 대화하는지 잘 이해했으리라 믿어.

09
에피소드

자바스크립트는 웹 개발에만 쓰는 언어일까?

#아니죠 #앱_개발 #데스크톱_앱_개발 #3D_앱_개발_무궁무진함

여러분은 가장 많이 쓰이는 프로그래밍 언어가 뭐라고 생각해? 파이썬? 자바? 설마 HTML이라고 하는 사람은 없겠지? 현재 세상에서 가장 유명한 프로그래밍 언어는 바로 자바스크립트야. 파이썬이라고 말하는 사람도 있을 텐데, 맞는 말이긴 하지만 내 생각에는 자바스크립트라고 생각해.

▶ HTML은 프로그래밍 언어가 아니라 하이퍼 텍스트 마크업 언어야. 즉, 인터넷에서 사용자와 서버가 정보를 주고받기 위한 일종의 규칙이야.

자바스크립트로 만든 50억 개가 넘는 웹 사이트

왜냐하면 대부분의 웹 사이트는 자바스크립트를 사용하기 때문이야. 웹 사이트는 총 몇 개나 될까? www.internetlivestats.com에 접속하면 인터넷 세상에서 벌어지는 여러 지표를 실시간으로 볼 수 있는데, 웹 사이트는 어마무시하게 많아. 그 사이트들이 모두 자바스크립트를 사용한다고 생각하면 아마 내 말을 이해할 수 있을 거야.

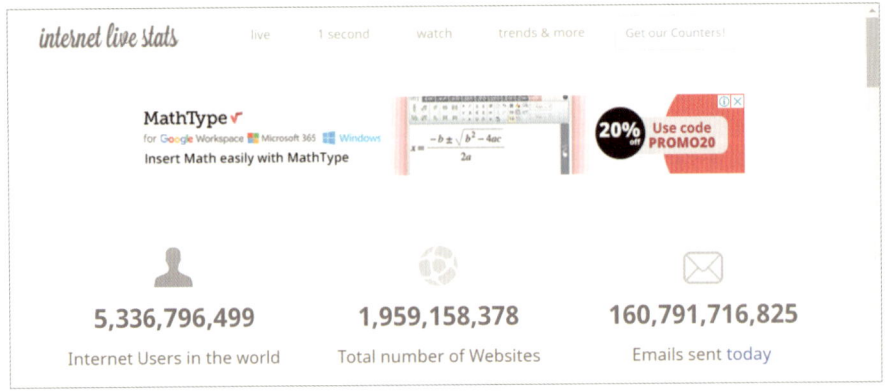

웹 사이트의 개수를 실시간으로 보여 주는 internet live stats

그뿐만이 아니야. 자바스크립트는 웹 사이트 말고도 무궁무진하게 많은 곳에서 쓰여! 만약 디자이너 분야, 미디어 분야, 예술 분야에서 일하는 사람이라면 이 글을 꼼꼼히 읽어 봤으면 좋겠어. 자바스크립트의 가능성만 알아도 그 분야를 더 깊게, 잘 이해할 수 있을 거야.

자바스크립트로 할 수 있는 무궁무진한 것들

자바스크립트로 얼마나 많은 일을 할 수 있길래 이렇게 호들갑이냐고? 지금부터 자바스크립트의 여러 가지 활용법을 알려 줄게.

하이브리드 앱, 크로스 플랫폼 앱을 만들 수 있다

자바스크립트를 사용하면 하이브리드 앱, 크로스 플랫폼 앱을 만들 수 있어. 하이브리드 앱, 크로스 플랫폼 앱은 모바일 애플리케이션 용어야. 쉽게 말해 한 번의 개발로 아이폰, 안드로이드폰 양쪽 모두에서 사용할 수 있는 애플리케이션을 의미해.

그런데 하이브리드 앱, 크로스 플랫폼 앱은 모두 한 번의 개발로 여러 환경에서 사용할 수 있다는 특징은 같지만 만드는 방식은 달라. 예를 들어 하이브리드 앱을 만들고 싶다면 아이오닉(Ionic), 크로스 플랫폼 앱을 만들고 싶다면 리액트 네이티브(React Native)라는 도구를 사용해야 해. 다만 그 도구들은 모두 자바스크립트를 사용하지. 그래서 자바스크립트를 알고 있으면 하이브리드 앱, 크로스 플랫폼 앱을 모두 개발할 수 있어.

한 번의 개발로 아이폰, 안드로이드폰에서 사용할 수 있는 하이브리드 앱, 크로스 플랫폼 앱

▶ 혹시 하이브리드 앱, 크로스 플랫폼 앱이 뭔지 궁금하다면 [마당 05]를 자세히 읽어 봐! 거기 자세히 설명해 두었어.

윈도우, 맥, 리눅스를 위한 데스크톱 소프트웨어를 만들 수 있다

자바스크립트로는 데스크톱 소프트웨어도 만들 수 있어. 일렉트론(Electron)을 활용하면 돼. 일렉트론은 HTML, CSS, 자바스크립트를 가져다 컴파일해서 윈도우, 맥, 리눅스에 설치할 수 있는 소프트웨어를 만들어 주는 도구야. 개발자가 사용하는 텍스트 편집기로 유명한 비주얼 스튜디오 코드(visual studio code, VSC)는 바로 일렉트론으로 만들었어. 그 외에도 슬랙(Slack), 스카이프(Skype), 깃허브(GitHub), 아톰(Atom)과 같은 도구도 일렉트론으로 만들었지.

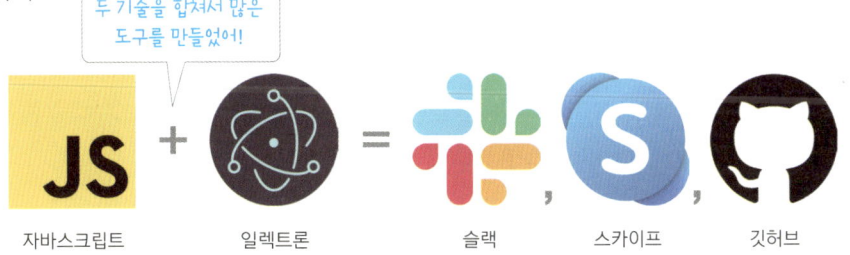

게임을 만들 수 있다

게임을 좋아하는 독자도 아주 많을 거야. 예상했겠지만 자바스크립트로 게임도 만들 수 있어. phaser.js, impact.js라는 도구를 사용하면 게임을 만들 수 있어.

▶ 게임을 만들려면 특히 물리 엔진이라는 것이 필요한데 phaser.js, Impact.js 안에 이미 들어 있어. 물리 엔진이 뭐냐 하면 게임 세상에서 벌어지는 여러 현상, 예를 들어 공이 떨어져서 튕기거나 마찰력이 생기는 것을 표현하는 코드를 말해.

node.js나 socket.io와 같은 자바스크립트에 기반한 네트워크 관련 도구를 섞어서 멀티플레이 게임도 만들 수 있어. 〈wanderers.io〉라는 실시간 멀티플레이 게임이 있는데 오직 자바스크립트만 이용해서 만든 거야. 직접 플레이해 보면 '이걸 정말 자바스크립트만 가지고 만들었다고?!'라는 생각이 들 거야.

3D, 가상 현실, 증강 현실 개발도 할 수 있다

자바스크립트로 할 수 있는 가장 멋진 걸 소개해 줄게! three.js라는 자바스크립트에 기반한 도구가 있는데, 이 녀석을 활용하면 무려 3D 개발까지 할 수 있어. 또한 이 도구를 응용하면 브라우저에서 실행할 수 있는 3D 게임, 인터랙티브 웹 사이트를 만들 수

three.js로 개발한 3D 게임 〈헤라클로스〉

도 있지. 잘만 이용한다면 개성 넘치는 홍보용 웹 사이트를 만들 수도 있을 거야. 〈헤라클로스(Heraclos)〉도 three.js로 개발한 3D 게임이야.

〈헤라클로스〉 게임은 꼭 해보면 좋겠어. 정말 아름답고 놀라운 게임인데, 이것도 마찬가지로 자바스크립트로 개발한 거야. 다른 예도 볼까? 캄포 알레 코 미트(Campo Alle Commete) 라는 이탈리아 포도주 양조장이 있는데, 이곳의 웹 사이트도 3D 로 구현했어.

자바스크립트로 개발한
캄포 알레 코미트의 3D 웹 사이트 메인 화면

이뿐만이 아니야. A-Frame과 AR.js를 활용하면 카메라와 각종 센서를 활용한 웹 사이트를 만들 수도 있어. 그러면 증강 현실(augumented reality, AR)로 쇼핑몰을 만들 수도 있겠지? 가장 큰 장점은 따로 설치하지 않고 그냥 브라우저에서 실행할 수 있다는 거야.

머신러닝도 할 수 있다

자바스크립트의 가능성, 어마어마하지? 하지만 아직 더 남았어. 브라우저에서 머신러닝도 할 수 있어! tensorflow.js라는 도구를 사용하면 인공지능을 만들 수도 있는 거지. 완전 대박이지?

지금까지 자바스크립트로 어떤 일을 할 수 있는지 살펴봤어. 자바스크립트로는 웹 사이트만 개발하는 것으로 대부분 알고 있는데 그렇지 않다는 것을 이해했을 거야. 애플리케이션, 데스크톱 소프트웨어, 게임, 3D, 가상 현실(VR), 증강 현실(AR) 등을 자바스크립트로 무궁무진하게 만들 수 있어.

10
에피소드

코틀린은 정말로 자바와 100% 호환될까?

#자바와_100%_호환 #100%_맞음 #코틀린_언어_설계

요즘 자바를 대체할 수 있는 프로그래밍 언어로 코틀린을 많이 이야기하지? 실제로 코틀린은 자바와 100% 호환되는 프로그래밍 언어야. 그런데 100% 호환된다는 말이 무슨 뜻인지 아는 사람 있어? 여기서는 코틀린의 간략한 역사와 함께 코틀린이 자바와 100% 호환될 수 있는 이유를 설명해 줄게.

코틀린이 자바와 정말 100%로 호환된다고?

코틀린이 자바와 100% 호환된다는 건 이런 걸 말해. 예를 들어서 여러분이 자바로 개발한 시스템을 유지·보수하는 사람이라고 생각해 보자. 그런데 이미 개발한 시스템에 코틀린을 사용해 보고 싶다면 바로 가능하다는 소리야. 뭔가를 바꾸거나 하지 않아도 바로 쓸 수 있다는 거지! 이건 코틀린이 자바와 99%도, 99.9%도 아닌 100% 호환되기 때문이야. 너무 이상적인 이론 같은데 정말 그럴 수 있는 이유는 무엇일까? 이건 코틀린의 탄생 비화를 알면 이해할 수 있어.

코틀린의 탄생 비화

코틀린은 젯브레인즈(JetBrains)라는 곳에서 만들었어. 젯브레인즈는 인텔리제이(IntelliJ)라는 IDE를 개발하는 체코 회사야.

▶ IDE(integrated development environment)는 통합 개발 환경을 말해. 비주얼 스튜디오, 이클립스 등이 유명해.

이 회사에서 개발한 IDE는 코드의 70%가 자바였어. 그런데 고민이 하나 생겼어. IDE를 자바보다 더 좋고 멋진 프로그래밍 언어로 개선하고 싶었던 거야. 그런데 자바를 너무나 많이 사용해서 전부 무시하고 새 언어를 가져다 쓸 수는 없었어. 그래서 자바와 호환되는 언어가 필요했던 건데, 그냥 코틀린이라는 언어를 만들어 버린 거지. 코틀린은 2012년에 오픈소스로 발표되었어. 그리고 2017년에 엄청난 인기를 끌었지. 왜냐고? 구글이 안드로이드 앱 개발에 사용하면 좋을 언어로 코틀린을 강력 추천했거든.

그래서 대체 자바와 어떻게 완벽하게 호환될 수 있냐고?

100% 호환이란 게 뭔지 이야기를 안 했네. 호환이란 자바 코드에서 코틀린 코드를 부를 수도 있고, 반대로 코틀린 코드에서 자바 코드를 부를 수도 있어야 한다는 뜻이야. 그리고 이 모든 것이 가능한 이유는 자바 가상 머신 때문이야. 여기서 조금 어려운 이야기를 할 텐데 그래도 최대한 쉽게 설명해 줄 테니까 들어 봐.

컴파일레이션과 인터프리테이션의 차이 간단히 짚고 넘어가자

먼저 컴파일레이션(compilation)과 인터프리테이션(interpretation)이라는 개념을 알아야 해. 이건 [에피소드 08]에서도 설명했는데 한 번 더 설명해 줄게.

컴파일레이션은 코드 전체를 받아서 한번에 기계어로 해석하는 것이고, 인터프리테이션은 코드를 실시간으로 기계어로 해석하는 것을 말해. **그래서 컴파일레이션 방식으로 동작하는 코드가 인터프리테이션 방식으로 동작하는 코드보다 빨라.** 그런데! 컴파일레이션은 플랫폼에 의존해. 무슨 말이냐면 코드가 실행될 환경(플랫폼)이 달라지면 컴파일레이션은 그때마다 개발자가 컴파일 과정을 한 번씩 실행해 줘야 해. 왜냐고? 운영체제마다 각각 서로 다른 기계어를 쓰니까 말이지. 반대로 인터프리테이션은 인터프리터라는 녀석이 알아서 실시간 번역을 해주니 우리는 새로 컴파일을 실행해 줄 필요가 없어.

컴파일레이션과 인터프리테이션을 다 활용하는 자바

그리고 자바는 앞에서 소개한 두 녀석을 다 사용해. 무슨 말이냐면 여러분이 자바로 코드를 작성하잖아? 그러면 컴파일을 해. 근데 컴파일해서 얻는 결과물은 기계어가 아니야. 자바 바이트 코드라는 것이지. 그리고 이 자바 바이트 코드는 다시 윈도우, 리눅스, 맥OS에서 실행될 때 자바 가상 머신이라는 녀석이 해석해서 각각의 기계어로 번역해 줘.

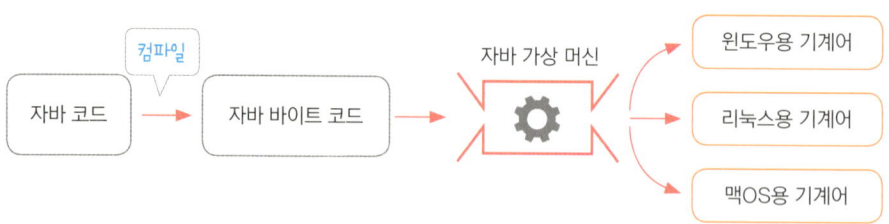

자바 코드는 자바 바이트 코드로 변형된 다음 자바 가상 머신이 해석해서 기계어로 번역한다

이런 자바의 특징 덕분에 코틀린이 자바와 100% 호환될 수 있어. 어떻게? 코틀린을 자바 바이트 코드로 컴파일하기만 하면 되거든. 그러면 결국 실행에 쓰이는 것은 자바 바이트 코드니까 둘 사이에는 아무 문제가 없겠지!

코틀린을 굳이 써야 하는 이유는?

근데 자바와 완벽하게 호환되는 코틀린을 꼭 써야 하는 이유는 뭘까? 내 생각에는 크게 2가지 장점 때문이야.

장점 1. 코틀린은 null에서 안전한 언어다

첫 번째는 코틀린이 널에서 안전한(null safety) 언어라는 거야. 널이란 값이 아예 없다는 뜻인데, 숫자 0과 완전히 다른 개념이야. 숫자 0은 어쨌든 수치가 0임을 표현하는 반면, 널은 그렇게 표현할 수도 없다는 뜻이니까. 예를 들어 널을 허용하는 프로그래밍 언어인 자바로 프로그램을 만들면 프로그램을 실행하는 도중에 널이 생길 수 있는데, 프로그램으로서는 처리할 값이 없으니 오류가 발생하는 거지. 하지만 코틀린은 코드를 실행하기 전에 널이 있을 것 같으면 미리 개발자에게 알려 줘. 그러니까 코틀린은 널을 허용하기는 하는데 자바와 달리 널 발생의 가능성을 미리 검사하는 언어인 거지.

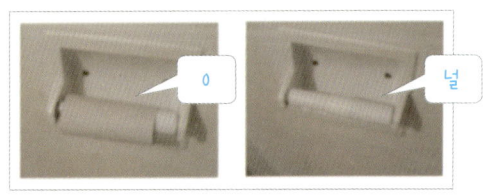

휴지를 다 쓴 것과 휴지 심이 아예 없는 건 다른 문제!

장점 2. 코틀린은 코루틴을 지원하는 언어다

그리고 두 번째는 코루틴(coroutine)이라는 문법이야. 이 문법은 많은 일을 한 번에 실행할 수 있게 해줘. 길게 말할 것 없이, 코루틴을 활용하면 한 번에 많은 일을 할 수 있게 해주니까 개발자로서는 정말 좋은 문법이라고 할 수 있어.

코틀린을 활용할 수 있는 방법은?

그러면 코틀린은 어떻게 활용할 수 있을까? 먼저 코틀린을 자바에서 활용하면 여러 이점이 있어. 코루틴을 활용할 수도 있을 거고. 그리고 [에피소드 02]에서 잠깐 언급했듯이 안드로이드 앱을 개발할 때 코틀린을 쓸 수도 있어. 코틀린은 자바스크립트로 컴파일될 수 있어서 코틀린으로 작성한 코드를 자바스크립트로 컴파일해서 리액트나 노드제이에스에 활용할 수도 있어. 또, 데이터 과학에도 사용할 수 있어. 실제로 코틀린을 활용한 데이터 시각화 사례가 꾸준히 나오고 있지.

프로그래밍 언어가 이렇게 다양한 목적을 수행하면 사용자가 많아질 테고, 그러면 커뮤니티는 자연스레 점점 커져. 그 결과 코틀린도 파이썬처럼 유명한 언어가 될 수 있을 것 같고, 개발자 시장에서 꽤나 중요한 역할을 할 것 같아.

자, 이렇게 코틀린이라는 언어를 알아봤어. 그동안 자바를 사용해 온 개발자에게는 정말 매력적인 언어야. 실제로 내 주변에도 자바에서 코틀린으로 넘어가는 개발자도 꽤 많았어. 자바 개발자를 꿈꾸는 사람이라면 코틀린도 꼭 공부하면 좋겠어.

IT 쿠키 상식 | 세상에서 가장 난해한 프로그래밍 언어 ②

여기서는 앞서 소개한 [세상에서 가장 난해한 프로그래밍 언어 ①]에 이어서 나머지 언어를 소개하려고 해. 정말 흥미로울 거야. 그럼 시작해 볼까?

난해한 언어 3: Shakespeare

세 번째 언어는 셰익스피어(Shakespeare)야. 이 언어는 셰익스피어 희극처럼 프로그램을 작성하도록 되어 있어. 로미오, 줄리엣, 오필리아, 햄릿 등이 여러분이 사용할 변수 이름이고 프로그램은 크게 acts와 scene 부분으로 나뉘어 있지. hello world 프로그램의 형태를 한 번 볼까? 여기서는 프로그램이 너무 길어서 일부만 보여 줄게.

▶ 자세한 내용은 http://shakespearelang.sourceforge.net/report/shakespeare/#sec:hello 에서 읽어 봐!

Shakespeare로 작성한 hello world 프로그램

```
The Infamous Hello World Program.

Romeo, a young man with a remarkable patience.
Juliet, a likewise young woman of remarkable grace.
Ophelia, a remarkable woman much in dispute with Hamlet.
Hamlet, the flatterer of Andersen Insulting A/S.

(... 생략 ...)
```

사이트에 접속해서 hello world 프로그램 전문을 보면 굉장히 놀랄 거야. 그리고 그보다 더 놀라운 것은 이 단어들을 컴파일러가 인지한다는 거야! 셰익스피어 프로그래밍 언어의 컴파일러는 긍정적인 코멘트이면 +1이고, 부정적인 코멘트이면 -1, 형용사는 1이고, 명사는 곱하기 2를 해. 이런 이상한 방식으로 변수를 설정하는 거지. 참고로 문장을 출력하는 함수는 Speak your mind라고 적어야 해. 정말 특이하지?

🍪 난해한 언어 4: LOLCODE

네 번째 언어는 나의 최애 언어인 롤코드(LOLCODE)야. 이 프로그래밍 언어는 인터넷 용어로 구성되어 있어. 예를 들어 import는 CAN HAS, 파일 열기는 PLZ OPEN FILE, try-catch문은 AWSUM THX O NOES와 같이 쓰지. 이 언어로 작성한 hello world 프로그램을 볼까?

> ▶ PLZ는 please, AWSUM은 awesome, THX는 thanks를, O NOES는 oh no를 의미해.

LOLCODE로 작성한 hello world 프로그램

```
HAI 1.2
  CAN HAS STDIO?
  VISIBLE "HAI WORLD!!!1!"
KTHXBYE
```

지금까지 내가 가장 좋아하는 이상한 프로그래밍 언어들을 소개해 봤어. 정말 웃기지? 하지만 개발자는 계속해서 도전하는 사람들이고, 새로운 것을 만들어 공유하기 좋아하는 사람들이야. 그래서 이런 언어들이 생긴 것이지. 앞으로 개발자가 되고 싶다면 꼭 그런 마음을 가진 개발자가 되기 바랄게.

🍪 난해한 언어 5: emoji-gramming

마지막 언어는 이모지그래밍(emoji-gramming)이야. 이름에서 짐작했겠지만 이 언어는 이모지로 구성되어 있어. 이 언어로 작성한 hello world 프로그램을 볼까?

프로그램을 작성한 파일을 열었는데 이런 이모티콘으로 가득 차 있다고 생각해 봐. 재미있어 하는 사람도 있겠지만 나는 너무 끔찍하네! 만약 이모지그래밍으로 프로그래밍을 하고 싶다면 꼭 재미로만 해봐.

▶ 이모지그래밍의 공식 사이트 esolangs.org/wiki/Emoji-gramming에 접속해서 한번 둘러봐.

마당 02

코딩별 안내서 — 웹 기술 편

웹 개발을
이해하려면 필수!

우리는 인터넷 세상에서 살고 있어. 그래서 API니 프레임워크니 웹 기술을 자주 언급하는 것 같아. 만약 여러분도 개발자가 되고 싶다면? 여기서 이야기하는 웹 기술 정도는 알아야 해.

11
에피소드

라이브러리와 프레임워크, 비슷한 거 아냐?

12
에피소드

제이쿼리는 반드시 배워야 하는 기술일까?

13
에피소드

그놈의 API, 대체 뭐길래?

14
에피소드

도메인은 왜 돈을 주고 사야 할까?

15
에피소드

플래시의 서비스 종료와 스티브 잡스

16
에피소드

인터넷 익스플로러가 사라진 이유와 브라우저 엔진

17
에피소드

아, 쿠키가 먹는 게 아니라고요?

18
에피소드

프런트엔드, 백엔드?

19
에피소드

서버가 뭔지 아직도 모른다고?

20
에피소드

슈퍼 개발자만 할 수 있다, 풀스택?

21
에피소드

서버리스는 서버가 없다는 뜻?

에피소드 11

라이브러리와 프레임워크, 비슷한 거 아냐?

#비슷하지_않음 #명확한_구분_방법_있음 #면접_단골_질문

이번에는 개발자라면 누구나 한번 거쳐야 할 라이브러리와 프레임워크를 소개하려고 해. 개발자를 뽑는 면접에서는 대부분 라이브러리와 프레임워크 관련해서 질문을 받아. 사실 이 두 녀석의 개념과 콘셉트는 초보자도 이해하기 쉬워. 그러니 여러분도 이참에 알아 두면 좋을 것 같아.

얼핏 보면 비슷한 라이브러리와 프레임워크

최근에 개발을 시작한 지 얼마 안 된 사람과 대화를 나누었는데 라이브러리와 프레임워크, 이 두 용어를 반대로 사용하는 거야. 그래서 대화가 얼추 끝난 다음에 설명해 줬어. 이 두 용어는 비슷하면서도 달라서 헷갈리기 쉬워. 구분 방법을 알려 줄게.

공통점: 개발 속도를 더 빠르게 만들어 준다

라이브러리와 프레임워크의 공통점을 먼저 이야기해 볼까? **두 녀석은 모두**

누군가 미리 작성해 놓은 코드이고, 우리의 개발 속도를 더 빠르게 만들어 주는 도구라는 점이 같아. 쉽게 말해 개발 속도를 더 빠르게 만들어 주는 윤활제 같은 거야. 사실 이 공통점 때문에 라이브러리와 프레임워크를 많이 헷갈려 해. 그럼 차이점을 알면 되겠지? 사실 여기에 이 녀석들을 구분하는 핵심이 있어.

▶ 아참, 라이브러리와 프레임워크를 도구라고 하니까 '개발을 할 때 쓰는 비주얼 스튜디오 코드나 이클립스 등과 비슷한 프로그램을 말하나?'라고 오해할 수 있어. 라이브러리와 프레임워크는 코드로서 여러분을 도와주는 도구일 뿐 프로그램은 아니야.

차이점: 내가 제어하는가, 제어당하는가?

이 둘의 차이점은 아주 간단해. '누가 누구를 제어하는가?' 이 질문을 떠올리면 돼. 만약 여러분이 어떤 도구에 대해서 모든 결정을 다 내리고 있다면? 그 도구는 라이브러리야. 반대로 누군가 정한 규칙에 따라 도구를 사용하고 있다면? 그건 프레임워크지. 이렇게 설명하면 이해하기 어려울 수 있으니까 라이브러리와 프레임워크의 구체적인 예를 들어서 차이점을 자세히 설명해 줄게.

제이쿼리, 부트스트랩으로 이해하는 라이브러리

여기서 소개할 라이브러리는 제이쿼리(jQuery)와 부트스트랩(bootstrap)이야. 제이쿼리는 자바스크립트보다 더 쉬운 방법으로 웹 사이트에 인터랙티브한 요소를 넣을 수 있게 해주고, 부트스트랩은 웹 사이트의 화면을 구성할 때 메뉴·버튼·레이아웃과 같은 것들을 편하게 구현할 수 있게 해줘.

▶ 제이쿼리는 딱 뭐가 좋다고 화면으로 보여 주기는 어려워. learn.jquery.com/about-jquery/how-jquery-works에 방문하면 제이쿼리가 어떤 역할을 하는지 살펴볼 수 있을 거야.

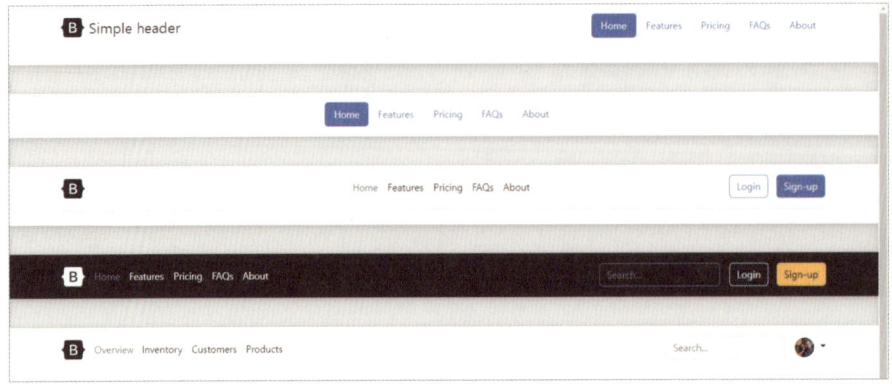

부트스트랩으로 구현한 다양한 메뉴

그리고 이 녀석들은 여러분이 필요할 때 불러서 쓸 수 있어. 아까 말한 대로라면 여러분이 라이브러리를 제어할 수 있는 거야. 어떤 라이브러리가 필요하다고 생각하면 그것을 가져다가 쓰는 것이지. 여러분이 공부를 하다가 지식이 필요해지면 도서관에 가서 책을 빌리는 거랑 비슷해. 그래서 라이브러리는 다른 라이브러리로 쉽게 대체할 수 있어.

예를 들어 부트스트랩처럼 웹 사이트의 화면을 구성하는 라이브러리는 시맨틱 UI(Semantic UI), 테일윈드 CSS(Tailwind CSS) 등 굉장히 많아. 만약 여러분이 부트스트랩을 사용하다가 마음에 들지 않으면 언제든 다른 라이브러리로 대체해도 돼. 그리고 라이브러리를 교체한다고 해서 프로젝트의 모든 것이 와르르 무너지지 않아. 라이브러리를 사용한 부분만 고치면 되거든.

장고, 스프링으로 이해하는 프레임워크

하지만 프레임워크는 라이브러리와 달라! 우리는 프레임워크를 부를 수 없어. 프레임워크가 우리를 부르지. 아까 말한 대로라면 프레임워크가 우리를 제어

해. 이게 무슨 말이냐면 프레임워크를 사용해서 코드를 작성할 때는 프레임워크의 규칙을 따라야 한다는 거야. 프레임워크에는 코딩 규칙, 파일 저장 규칙 등이 있거든. 우리는 이 규칙에 따라 개발해야 해. 규칙을 잘 지키면? 모든 것이 정상으로 실행되지.

여기서 소개할 프레임워크는 장고(Django)와 스프링(Spring)이야. 이 두 녀석은 모두 웹 개발을 위한 프레임워크인데 규칙이 정말 많아. 그리고 이런 규칙들을 모두 잘 지켜서 개발해야 하지. 혹시 규칙이 궁금하면 장고나 스프링의 공식 홈페이지에 들어가서 도큐먼트 메뉴를 살펴봐. 엄청나게 많은 규칙이 있을 거야.

▶ 프레임워크 공식 사이트에서는 documents, documentation과 같은 규칙을 설명하는 문서를 제공해. 장고 프레임워크 규칙은 docs.djangoproject.com/en/4.0/에 접속하면 볼 수 있어.

예를 들어 장고로 운영자 페이지를 만들고 싶다면 무조건 이름이 admin.py인 파일에 코드를 작성해야 해. 그리고 사이트의 URL을 바꾸고 싶다면? 반드시 이름이 url.py인 파일에 코드를 작성해야 하지. 스프링도 스프링만의 규칙이 있고, 그에 맞게 코드를 작성해야 해. **중요한 건 여러분이 이 규칙을 바꿀 수 없다는 거야.**

그리고 장고로 개발하던 프로젝트를 스프링으로 바꾸고 싶다면? **모든 것을 교체해야 해. 폴더 이름, 파일 구성, 코드까지 모두 다!** 그래서 프레임워크는 신중하게 결정해야 해. 하지만 그만큼 완성도가 엄청나게 높은 결과물을 보장한다는 장점이 있어. 자, 이제 라이브러리와 프레임워크의 차이점을 간단히 정리할게.

구분	라이브러리	프레임워크
제어권	나에게 있다	나에게 없다
교체 난이도	매우 쉽다	매우 어렵다

라이브러리와 프레임워크를 꼭 엄밀하게 나눌 필요가 있을까?

그런데 말야, 리액트 공식 사이트에 접속하면 '리액트는 라이브러리'라고 설명하고 있어. 이대로라면 리액트는 라이브러리로 구분해야 할 거 같네.

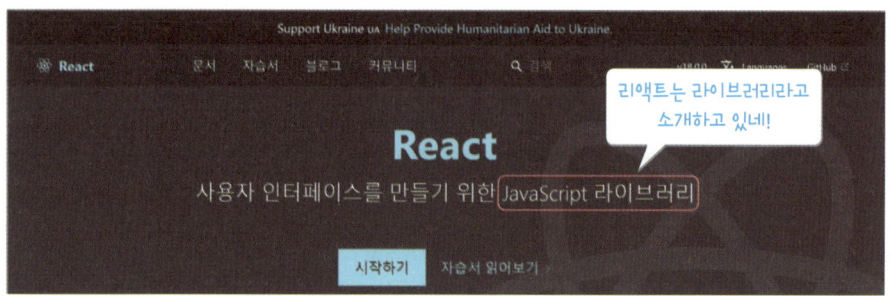

리액트 공식 사이트의 메인 화면(ko.reacts.org)

그런데 리액트는 컴포넌트(component)라는 것을 중심으로 개발하는데, 컴포넌트에는 사용 규칙이 있어. 만약 이 규칙에 맞게 코딩하지 않으면 리액트는 오류를 발생시키지. 그래서 이런 관점에서 보면 리액트는 프레임워크라고 할 수도 있어. 그러다 보니 리액트가 라이브러리인지 프레임워크인지 질문하는 것을 인터넷에서 쉽게 찾을 수 있어. 어떤 사람은 라이브러리라 하고, 어떤 사람은 프레임워크라고 하니까 말야. 그런데 리액트가 라이브러리냐, 프레임워크냐를 판단하는 건 전혀 중요하지 않아. 라이브러리, 프레임워크의 개념을 아는 것이 중요하지! 이 점을 꼭 기억해 두라고!

12
에피소드

제이쿼리는 반드시 배워야 하는 기술일까?

#필요하면_배워야지 #이제는_자바스크립트가_더_좋아짐

내가 제이쿼리(jQuery)를 소개하는 영상을 찍었을 때가 2019년였지! 그때부터 제이쿼리는 웹 개발자에게 큰 고민거리였던 것 같아. 그리고 곧 제이쿼리를 배워야 할지 말아야 할지 질문이 쏟아졌지.

제이쿼리의 탄생!

제이쿼리는 2006년에 탄생했어. 제이쿼리가 탄생한 이유는 당시 자바스크립트가 지금처럼 좋은 언어가 아니었기 때문이야. 그리고 브라우저도 문제가 많았어. 브

제이쿼리 로고

라우저마다 특정 기능을 위해 자바스크립트 코드를 따로 작성해야 했거든. 지금은 이해되지 않겠지만 파이어폭스를 위한 코드, 인터넷 익스플로러를 위한 코드, 크롬을 위한 코드를 따로 작성해야 해서 개발자들이 정말 힘들어했지. 난 이렇게 개발자를 힘들게 만드는 브라우저, 자바스크립트 모두 정말 재수 없다고 생각했어! 코드는 못생겼지, 브라우저 호환도 잘 안 되지 정말 답답했

지. 이 대환장 파티의 콜라보를 제이쿼리가 정리해 준 거야.

실제로 제이쿼리는 브라우저의 호환성을 챙기면서도 코드도 깔끔하고 아름답게 만들어 줬어. 그래서 제이쿼리가 엄청나게 유명해진 거야. 개발자로서 얼마나 좋았겠어? 제이쿼리를 쓰면 브라우저 호환 문제도 사라지고, 오류도 적어지고, 코드도 예쁘게 작성할 수 있으니까!

제이쿼리만 공부하는 현상이 생겨 버렸다

하지만 여기서 새로운 문제점이 발생했어. 바로 사람들이 제이쿼리만 공부하기 시작했다는 거야. HTML과 CSS를 배운 다음에 자바스크립트는 건너뛰고 제이쿼리를 공부했어. 아예 제이쿼리 개발자라는 포지션까지 생겨 버렸지.

사람들이 왜 제이쿼리에 빠졌던 걸까?

사람들이 제이쿼리에 빠진 이유는 편의성 때문이기도 했지만 엄청나게 좋은 기능도 많았다는 것도 한몫했어. 드롭다운 메뉴를 위한 제이쿼리 드롭다운 플러그인부터 시작해서 슬라이드 효과를 위한 제이쿼리 슬라이더, 모달 메뉴를 띄우기 위한 제이쿼리 모달 박스, 제이쿼리 메뉴 등에 이르기까지 제이쿼리 플러그인이 엄청 많이 생겼지.

▶ 모달 메뉴는 현재 보고 있는 웹 사이트의 화면 위에 새 레이어를 만들어서 보여 주는 팝업 메뉴를 말해.

게다가 당시 인기가 가장 많았던 웹 사이트 레이아웃, 디자인 프레임워크인 부트스트랩의 많은 기능을 제이쿼리로 만들어서 의존도가 더욱 높아만 갔어. 정리하자면 자바스크립트의 못난 모습과 기능, 웹 브라우저의 대환장 파티가 사람들이 제이쿼리에 빠지도록 만든 거야.

지금도 자바스크립트는 그럴까? No!

하지만 지금은 아니야. 자바스크립트는 ES2015, ES2016, ES2017을 거치면서 매우 아름다워졌어. 기능도 좋아졌고 코드를 쓰기도 쉬워졌지. 그리고 웹 브라우저와 자바스크립트의 호환성도 좋아졌어. 쉽게 말해 앞에서 언급한 제이쿼리를 사용해야 할 이유가 사라진 것이지. 심지어 부트스트랩은 버전 5부터 제이쿼리를 모두 제거했어.

▶ ES는 에크마스크립트(ECMAScript)를 줄인 표현이야. 자바스크립트는 버전에 이름을 붙일 때 ES에 숫자를 더하는 방식을 많이 사용하는데 공식적인 방법은 아니야. 이 내용은 정말 할 말이 많은데 지면에 한계가 있으니, ES는 자바스크립트 버전을 언급하는 방법이라고 정리하고 넘어가자.

자! 그래서 이번 에피소드 시작할 때 했던 질문으로 돌아가서 '제이쿼리는 지금도 반드시 배워야 할까?'의 답은 이거야.

> "제이쿼리는 정말로 필요할 때에만 배워라!"

이렇게 말하는 이유는 아직도 제이쿼리를 사용하는 웹 사이트, 회사가 많기 때문이야. 만약 어떤 회사에 취업하고 싶은데 그곳에서 제이쿼리를 사용한다면 배워야겠지? 그렇지 않다면 제이쿼리보다는 자바스크립트를 공부하는 게 나을 거야. 그리고 자바스크립트를 잘 알고 있다면 제이쿼리도 금방 공부할 수 있을 거야.

13

에피소드

그놈의 API, 대체 뭐길래?

#키보드_원리와_같음 #앱과_앱을_연결하는_매개체

개발에 조금이라도 관심 있다면 API라는 말을 들어 본 적이 있을 거야. 주변에서 페이스북 API, 인스타그램 API처럼 API라는 말을 많이 쓰지? 근데 도대체 API가 뭔지 궁금했다면 오늘 해결해 줄게.

본격적으로 들어가기 전에 우선 API의 용어부터 알아보면, 우리가 API를 이해하기 힘들어하는 이유를 알 수 있어. 참! API는 애플리케이션 프로그래밍 인터페이스(application programming interface)의 줄임말이야. 음, 이 상태로는 정말 이해하기 어렵지?

키보드와 비슷한 API

그래서 나는 API를 설명할 때 주위에 있는 사물에 비유해. 바로 키보드야. 키보드는 컴퓨터에 무언가를 입력할 때 사용하는 도구지? 쉽게 말해 키보드는 컴퓨터와 여러분이 대화할 때 다리 역할을 해주지.

만약 메모장을 켠 상태에서 A를 누르면 컴퓨터에서는 어떤 프로세스가 진행될 거야. 그리고 그 결과 메모장에 A가 입력되고, 모니터에 A라는 글자가 보이겠지. 또, A 다음에 커서가 있을 때 Backspace를 누르면 컴퓨터에서 어떤 프로세스가 진행될 것이고 A는 지워질 거야. 이렇게 여러분과 컴퓨터가 소통할 때 키보드를 쓰는 것처럼 프로그램끼리 소통할 때 쓰는 일종의 규칙을 코드화한 걸 API라고해.

키보드로 컴퓨터와 사용자가 대화하는 것처럼 API는 프로그램끼리 소통하도록 도와준다

API는 프로그램끼리 소통하도록 도와준다

예를 들어 애플리케이션을 만든다고 해보자. 어떤 화면에 〈로그인〉 버튼, 〈로그아웃〉 버튼, 〈사진 업로드〉 버튼을 만들었다면 그 버튼을 클릭했을 때 원하는 동작이 이뤄져야겠지? 〈사진 업로드〉 버튼을 누르면 '사진 데이터를 데이터베이스에 저장한다'와 같은 동작이 이뤄져야 할 거야. 그런데 화면은 버튼을 보여 주는 역할만 하고, 데이터베이스는 데이터를 저장하는 역할만 해. 즉, 버튼이 눌러지면 '어디어디 데이터베이스를 찾아가서 어떻게 저장하라'와 같은 연결 역할을 해줄 녀석이 필요한 거지. 그게 바로 API야.

그러면 그냥 API 말고 유튜브 API, 페이스북 API, 날씨 API, 부동산 정보 API처럼 앞에 무언가를 붙인 API는 대체 무엇인지 궁금해질 거야. 이것들도 다 똑같아! 모두 소통을 도와주는 역할을 해. 날씨 API는 날씨 데이터베이스에 있는 정보를 우리에게 제공해. 날씨 데이터베이스와 우리 사이에서 소통을 도와주는 거지. **이를테면 기상청에서 제공하는 날씨 API를 이용하면 서울의 현재 날씨를 알 수 있지. 서울의 현재 날씨 가져오기 기능으로 날씨 데이터베이스에서 정보를 얻는 거야.** 유튜브 API, 페이스북 API도 이런 관점에서 생각하면 돼. 예를 들어 유튜브 API를 이용하면 특정 검색어의 채널 목록이나 사용자 정보를 가져올 수 있는 거지. 여기서 핵심은? API는 프로그램끼리 소통하도록 연결해 주는 녀석을 가리킨다는 거!

웹 API도 알아보자

다른 종류의 API도 소개해 줄게. 웹 API라는 것이 있어. 웹 API는 브라우저와 개발자를 위해 만든 거야. 예를 들어 크롬 브라우저에서 동작하는 어떤 프로그램을 개발하고 싶을 때 여러분이 만든 코드와 크롬 브라우저를 연결해야 하잖아? 그럴 때 웹 API를 쓰는 거야. 웹 API의 마이크 접근 권한 기능을 사용하면 크롬 브라우저와 마이크를 연결하는 코드를 여러분이 직접 만들지 않아도 크롬 브라우저에서 마이크 기능을 간단하게 사용할 수 있어. 카메라도 마찬가지야.

웹 API는 아주 오래전부터 있었어. 예전에는 웹 API에서 제공하는 기능이 많지 않았는데 기술이 발전하면서 점점 커진 거야. 키보드에 필요한 키가 많아져서 키의 개수가 많아진 거라고나 할까? 유용한 키가 많아지면 개발자에게 좋겠지?

API 작동 방식의 특징은? 사용하는 사람은 알 수 없다는 것!

자, 여러분이 API를 왜 알쏭달쏭하게 생각했는지 그 이유도 여기에 있을 것 같아. 사용자는 API의 작동 방식을 알 수가 없거든. 여러분이 키보드를 사용할 때 키보드의 작동 방식을 알지 못하는 것과 같아. 하지만 키보드를 사용하는 데는 큰 무리가 없지? API도 마찬가지야. 웹 API에는 사용자의 위치를 알려 주는 기능이 있어서 내가 지금 서울에 있는지 제주도에 있는지 보여 줄 수는 있지만 그 원리는 알 수가 없어. 우리는 그저 API가 제공하는 기능의 결과만 보는 거지.

만약 여러분이 사용자의 위치를 기반으로 카페나 식당을 추천하는 애플리케이션을 만든다고 할 때 굳이 웹 API의 사용자 위치를 제공하는 기능의 원리까지 알아야 할 필요는 없다는 거야. 그저 API를 사용해서 사용자의 위치만 가져오면 돼.

마지막으로 API가 필요한지 아닌지는 모두 여러분이 무엇을 원하는지에 달려 있어. API에서 제공하는 기능이 완전히 마음에 들지 않는다면 직접 만들 수도 있겠지? 참고로 API는 한번 직접 개발해 보는 것도 좋은 경험이 될 거야. API가 여러분의 코딩 인생에 유용한 도구가 되기를 바라며! 이만 설명을 마칠게.

IT 쿠키 상식 | 프로그래밍 초보자가 하기 쉬운 실수 ②

여기서는 저번 [프로그래밍 초보자가 하기 쉬운 실수 ①]에 이어서 몇 가지를 더 소개해 줄게. 아마 이 내용을 읽고 뜨끔하는 사람이 꽤 많을 거야.

실수 3: 처음에 너무 열심히 한다

프로그래밍 공부를 열심히 하는 것은 좋아. 하지만 가끔씩 여유를 갖고 천천히 달리는 법도 알아야 해. 만약 여러분이 난생 처음으로 헬스장에 등록했다고 가정하자. 그런데 처음부터 러닝머신에서 2시간씩 뛰고 스쿼트를 300개씩 하진 않겠지? 그렇게 운동했다간 다음날 엄청난 근육통에 시달리고 운동이 싫어질 수도 있어. 근육통 핑계를 대면서 헬스장에 가지 않는 날이 점점 많아질 수도 있지. 사실 핵심은 매일매일 헬스장에 가서 운동하는 건데 말야.

프로그래밍도 마찬가지야. 처음에는 열정이 넘쳐서 하루에 10시간씩 코딩하고 싶을 수도 있지만, 그러면 결국 지쳐서 아무것도 하지 못하게 될 수도 있어.

무리하게 운동하면 쉽게 지친다, 코딩도 마찬가지

앞에서 말했듯이 프로그래밍도 운동과 비슷해. 그래서 한 번에 많이 하는 것보다 매일매일 꾸준히 하는 것이 더 좋아. 프로그래밍하는 습관을 들이는 거야. 그러면 하루에 얼만큼 해야 꾸준히 했다고 할 수 있을까? 사람마다 정도에 차이는 있겠지만, 지금 자신이 프로그래밍을 즐기고 있는지 확인하면 돼. 만약 그런 것 같지 않다면 당장 손을 떼고 쉬는 것이 좋아. 그리고 다시 프로그래밍을 하고 싶은 마음이 솟아나면 그때 하면 돼. 참고로 나는 프로그래밍 시간과 나머지 하루 일과를 7:3 정도로 나눠서 해.

🍪 실수 4: 공부했는지 체크하기 위해서만 공부한다

가끔 프로그래밍 공부를 일하듯이 하는 사람을 볼 수 있어. 일할 때 TO-DO 리스트를 체크하는 사람 있지? TO-DO 리스트는 정말 효과적인 방법이야. 그런데 프로그래밍 공부는 그렇게 하면 안 돼. 무슨 말이냐 하면 HTML, CSS, 자바스크립트, SQL 등 공부할 목록 또는 리스트 만들고 하나씩 마칠 때마다 체크한 다음, '이거 다 했으니까 공부 끝! 난 지금부터 프로그래머!' 이렇게 생각하면 안 된다는 거야.

공부를 성실히 하는 것은 매우 칭찬할 일이야. **하지만 프로그래밍 공부는 체크리스트를 완성한다고 해서 끝나지 않아.** 사실 모든 학문에 끝이라는 것이 없어. 그러니 공부를 끝내기 위한 공부 체크리스트 말고, 무엇을 만들지 프로젝트 체크리스트를 작성해 봐.

완벽하게 구현하지는 못하더라도 챗봇이나 유튜브와 같은 서비스나 게임을 개발하는 것도 좋은 경험이 될 거야. 그렇게 공부하다 보면 어느새 취업 포트폴리오가 완성되어 있을 거야. 그러면 취업 경쟁에서도 공부를 위한 TO-DO 리스트에 체크한 사람보다 유리한 위치에 있겠지?

🍪 실수 5: 기한 없이 공부한다

사람은 원래 편하고 싶어 하는 본성이 있어서 속절없이 시간을 흘려보내기 쉬워. 그래서 보통 뭔가를 하려면 압박을 주는 게 좋아. 아마 그래서 학교나 학원에 가는 것 같아. 점수가 있고, 시험이 있고, 잔소리하는 선생님이 있으면 공부를 하게 되니까. 하지만 언제까지 학교, 학원만 다닐 수는 없잖아. 그러니까 스스로 자신을 압박할 방법을 찾아야 해. 다짐하는 문구를 써서 벽에 붙이고 매일같이 읽든지, "○○일까지 파이썬 문법 공부를 못 끝내면 나를 매우 쳐도 좋다!" 또는 "○○일까지 이 프로젝트를 끝내지 못하면 너에게 소고기 쏜다!"

와 같은 강력한 약속을 친구와 하는 거야. 만약 여러분이 독학한다면 기한을 따로 정해 두지 않는 한 다른 방법이 많지 않아서 이렇게라도 하는 게 좋아. 공부하기로 마음먹었다면 목표와 함께 기한을 꼭 설정하도록 해.

여러분이 이 글을 읽고 더 좋은 프로그래머가 되었으면 좋겠다. 앞에서 언급한 실수를 저질렀다고 해도 너무 좌절하지는 마. 사실 전부 다 내가 했던 실수이기도 하거든.

14
에피소드

도메인은 왜 돈을 주고 사야 할까?

#아이피_주소 #영어로_바꿔_주니_편안 #근데_관리는_누가

웹 사이트에 접속하면 자주 보는 주소! 이것은 사실 도메인 주소라고 해. 다음 화면에서 naver.com이 바로 그것이지.

우리에게는 너무 흔해서 궁금하지도 않은 도메인 주소

그런데 도메인 주소는 다 돈 주고 사서 써야 한다는 사실! 알고 있었어? 도메인은 도대체 왜 돈을 주고 사야 하는지 궁금했던 적 없어? 그리고 그 돈은 대체 누구한테 가는지, 누가 도메인을 만드는지 이런 것 말야. 이 모든 걸 알아보려면 일단 도메인 시스템이라는 것을 이해해야 해. 어렵지 않으니까 천천히 따라와!

숫자 외우기가 너무 불편해서 만든 도메인 시스템

인터넷에 연결된 웹 사이트는 모두 IP 주소로 찾을 수 있어. 그리고 IP 주소는 전화번호처럼 그냥 긴 숫자들에 불과하지. 쉽게 말해서 여러분이 새로운 사이트를 만들고 사람들에게 "내 홈페이지 주소는 123.456.123.456이야!"라고 말하면? 다른 사람들이 그 IP 주소를 입력해서 여러분의 웹 사이트에 접속할 수 있는 거야.

홈페이지 주소를 IP 주소로 알려 주면 편할까? 답은 No!

하지만 IP 주소를 보면 외우기 힘들다는 생각이 절로 들 거야. 바로 그 불편함을 해소하려고 도메인 시스템이 생긴 거지! 도메인 시스템이란 마치 거대한 전화번호부 같은 거야. 그 전화번호부에는 이름과 IP 주소가 짝지어 저장되어 있고 말야. 아무래도 202.131.30.11 같은 번호보다는 naver.com이 외우기 편하지?

목록 순서	이름	IP 주소
1	naver.com	202.131.30.11
2	google.com	173.194.126.240
3	easyspub.co.kr	183.111.161.94

도메인 시스템이 있으면 어떤 일이 생길까? 여러분이 google.com을 입력하는 순간 브라우저는 도메인 시스템에서 google.com의 IP 주소를 찾아. 그리고 그 IP 주소, 즉 웹 사이트로 이동하는 거지. 이게 도메인 시스템이야.

도메인 시스템을 제대로 관리하려면? 레지스트리를 알아야 한다

그런데 도메인은 수백만 개가 넘어. 그래서 도메인 시스템을 관리하는 방법이 있어. **쉽게 말해서 전화번호부를 관리하는 전화번호부가 있다고 생각하면 돼.** 여기서는 각각 메인 전화번호부, 서브 전화번호부라고 할게. 예를 들어 google.com을 입력하면 일단 메인 전화번호부를 봐. 그리고 google.com이 어떤 서브 전화번호부에 있는지 보는 거지. 그러면 메인 전화번호부에서 3번째 서브 전화번호부에 google.com이 있다고 알려 주면 거기 가서 찾는 식이야.

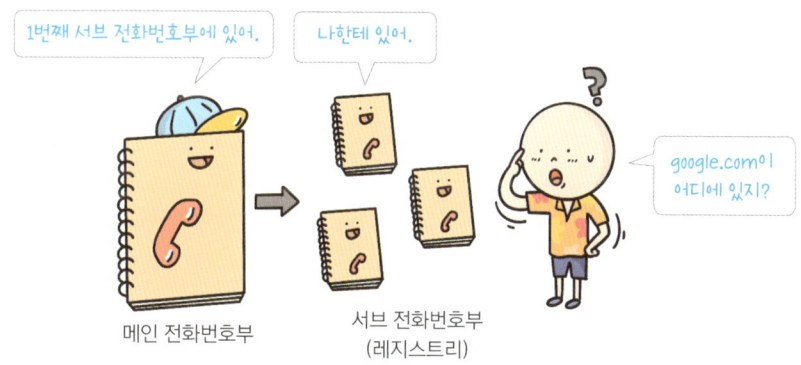

메인 전화번호부를 통해 서브 전화번호부에서 google.com을 찾는다!

이런 서브 전화번호부를 레지스트리(registry)라고 해. 레지스트리는 기업에서 운영하지. 정말 유명한 레지스트리는 바로 닷컴(.com)이야. 닷컴 관리는 베리사인(Verisign)이라는 회사에서 해. 레지스트리는 수익성이 꽤 좋은 사업이야. 하지만 신경 쓸 것도 많아! 도메인을 입력하면 이를 IP 주소로 빠르게 연결(match)할 수 있어야 하고, 보안 요소를 구축하고 있어야 하지.

▶ .co, .co.kr, .tv와 같은 레지스트리도 있어!

도메인은 어디서 살까?

그런데 레지스트리를 관리하는 기업은 도메인을 만드는 역할을 할 뿐 도메인을 직접 판매하진 않아. 예를 들어 도메인을 사고 싶을 때 베리사인에 방문하진 않아. 도메인은 고대디(GoDaddy), 가비아(gabia), 후이즈(Whois)와 같은 리셀러(reseller)에게서 사야 해.

▶ 우리나라에서 대표적인 리셀러 업체로 카페24가 있어.

도메인 리셀러 업체의 로고. 왼쪽부터 고대디, 가비아, 후이즈

리셀러가 필요한 이유는 도메인을 레지스트리에 등록하는 과정이 매우 복잡하기 때문이야. 회원 관리, 결제, 도메인 관리 등을 해야 하니까. 그래서 리셀러에게 도메인을 구매할 때는 실제 비용보다 조금 더 많이 지불해야 해. 예를 들어 베리사인에서 도메인을 사려면 7달러 50센트가 필요한데, 리셀러를 통해 구매하면 무조건 그보다 더 많이 내야 해.

나도 레지스트리를 운영할 수 있을까?

그럼 우리도 .kimchi와 같은 새로운 레지스트리를 운영할 수 있을까? 당연히

할 수 있어! 아이캔(ICANN)에 신청만 하면 돼. ICANN은 도메인을 관리하는 비영리 기구인데 바로 이곳이 최상위 전화번호부 역할을 해. 아까 메인 전화번호부에 대해서 이야기했지? 바로 그 메인 전화번호부가 ICANN 이야.

▶ ICANN이란 Internet Corporation for Assigned Names and Numbers의 줄임말로, 국제 인터넷 주소 관리 기구를 말해.

레지스트리를 운영하려면 고민을 많이 해야 한다

다시 돌아와서, 여러분이 .kimchi를 관리하고 싶다면 ICANN에 요청하면 되는데 사실 신청 비용이 엄청나. 18만 5,000달러 정도야! 한화로는 2억 2,000만 원쯤 되지! 그리고 도메인이 인터넷 환경에 필요한지, 여러분이 도메인을 운영할 수 있는 인프라나 기술, 고객 관리 능력을 갖추고 있는지 등을 ICANN에 자료로 제출해서 증명해야 해. 왜냐고? 레지스트리를 운영하면 그 순간부터 인터넷을 사용하는 사람들의 시간과 돈에 영향을 미치기 때문이지. 생각해 봐. 예를 들어 여러분의 도메인으로 누군가 hello.kimchi라는 웹 사이트를 운영하는데 응답 시간이 매우 느려서 장사를 망치거나 한다면? 여러분에게 책임을 묻겠지?

레지스트리를 운영한다면 어떤 일이 벌어질까?

레지스트리 등록에 성공하면? 그 도메인으로 뭐든지 할 수 있어! 특히 도메인을 특정인에게만 만들어 줄 수 있다는 점이 수익성을 크게 높이는 원인이 돼. 예를 들어 .nyc라는 뉴욕시 도메인은 뉴욕시에 거주하는 사람만 구매할 수 있어. 실제로 .nyc는 자신이 사는 뉴욕 주소가 적힌 서류를 보내야 구매할 수 있어. 아까 말했던 닷컴을 운영하는 베리사인에서는 .tv라는 도메인도 운영하는데 사실 이건 투발루라는 나라의 국가 도메인이야. 투발루와 베리사인이 계약해서 베리사인이 .tv를 운영하고 투발루는 로열티를 1년에 200만 달러 정도 받는 거지. 지금까지 설명한 도메인, 레지스트리 관련 내용을 간단하게 정리해 볼게.

도메인, 레지스트리 관련 내용 정리

- 도메인을 만드는 건 레지스트리다.
- 레지스트리는 IP 주소와 도메인을 적은 전화번호부이다.
- 레지스트리 운영사가 되려면 엄청난 돈과 인프라가 필요하다.
- 도메인을 구매하면 레지스트리 운영사가 아니라 리셀러에게 돈을 지불하는 것이다.
- 리셀러는 계약 관리, 결제 처리, 도메인 비용 지급 등의 일을 한다.

도메인 관련해서 궁금증이 풀렸을 거야. 이제는 주소 창에 도메인 주소를 적을 때마다 방금 알게 된 사실이 머릿속에 떠오르겠지?

15
에피소드

플래시의 서비스 종료와 스티브 잡스

#어도비_플래시 #오픈소스_정신 #바이러스_문제

2020년 12월 31일, 어도비 플래시(Adobe Flash)가 공식적으로 사망 선고를 받은 날이야. 학창 시절에 졸라맨을 본 기억이 있다면 다들 플래시라는 단어도 한번쯤 들어 봤을 거야. 이번에는 플래시의 영광과 몰락의 역사를 들여다 볼 거야. 그리고 스티브 잡스(Steve Jobs)가 어떻게 연관되어 있는지도!

어도비 플래시?

플래시는 게임, 영상을 제공하는 웹 사이트에서 사용하는 프로그램이야. 아마 웹 사이트에 방문했을 때 이런 화면을 본 친구가 많을 거야.

어도비 플래시 플레이어의 설치 화면

그러다 보니 플래시를 웹에서 사용하려고 만든 프로그램으로 알고 있는 사람이 많은데, 사실 플래시는 웹을 위해 만들어진 게 아니야. 처음에는 플래시가 아니라 퓨처웨이브 소프트웨어 (FutureWave Software)라는 회사에서 만든 퓨처스플래시 애니메이터(FutureSplash Animator)라는 프로그램이었어.

퓨처스플래시 애니메이터 프로그램 화면

이 프로그램은 만화와 애니메이션을 그리는 사람을 위한 제품이었지. 그런데 프로그램이 출시된 지 얼마 안 되어서 매크로미디어(Macromedia)라는 회사가 퓨처웨이브 소프트웨어를 인수해. 그리고 매크로미디어는 이 프로그램의 이름을 플래시로 바꾸지. 이때 매크로미디어가 이 프로그램의 가능성을 발견해. 바로 플래시가 **애니메이션을 브라우저에 띄울 수 있게 해주는 프로그램**이라는 것이었어. 그래서 플래시 플레이어 플러그인이 생긴 거야.

웹 사이트를 아름답게 만들어 준 플래시

플래시 플레이어 플러그인은 엄청나게 인기를 끌었어. 왜냐하면 당시에는 지금처럼 멋진 웹 사이트를 만들 수 없었거든. 예를 들어 화면이 멋지게 전환되는 트랜지션 효과 같은 것도 엄두를 못 냈어. 심지어 폰트를 바꾸는 것도 불가능했지. 솔직히 그 당시 웹 사이트는 정말 못생겼었어.

그런데 짜잔! 플래시가 나타난 거야. 웹 개발자가 웹 사이트를 훨씬 아름답게 디자인할 수 있는 기회가 생긴 것이지. 게다가 매크로미디어는 액션 스크립트라는 프로그래밍 언어까지 만들어서 애니메이션을 프로그래밍할 수 있게 해줬어. 예를 들어 어떤 위치를 클릭하면 특정 애니메이션이 나타나도록! 그동안 정적인 화면만 있었는데 이런 기능을 적용했으니 얼마나 멋져 보였을까? 바로 이 지점을 제대로 긁어 준 플래시였기에 폭풍 성장했던 거야.

유튜브가 사용한 플래시

당시 스타트업으로 시작한 유튜브가 비디오 영상을 재생하는 도구로 플래시를 사용했는데, 바로 이것이 플래시의 위상에 엄청난 변화를 일으켰어. 지금이야 웹 사이트에서 영상은 기본인데 그 당시에는 불가능했거든. 플래시가 등장하기 전에는 인터넷에서 영상을 볼 수 없었어. 유튜브를 시작으로 많은 회사에서 영상 재생 플레이어로 플래시를 선택했고, 이것은 플래시를 웹 사이트의 필수 요소로 만들었어. 웹 사이트를 브라우징하려면 그냥 일단 플래시부터 깔아야 했을 정도지. 플래시가 없으면 영상도 못 보고, 게임도 못 하니까 말이야.

스티브 잡스와 플래시

이렇게 승승장구하던 플래시였는데 어느 날 한 사람이 나타나서 외쳤어.

"플래시는 이제 그만 쓰자."

그 사람이 누구냐고? 바로 스티브 잡스였어. 당시 스티브 잡스는 첫 번째 아이팟 터치와 아이폰을 발표했어. 그리고 소비자와 임직원에게 '왜 iOS에서 플래시 사용을 전면 금지해야 하는지'를 설명하는 공식 서신을 보냈지. 쉽게 말해 iOS를 사용하는 기기에서 플래시를 쓰지 말자고 설득하려고 스티브 잡스가 편지를 직접 쓴 거야! 왜 그랬을까? 편지 내용을 요약해 봤어.

스티브 잡스의 편지 1. 플래시는 오픈소스가 아니다

플래시가 오픈소스가 아니라는 건 실제로 플래시의 가장 큰 문제점이었어. 오픈소스란 모든 사람이 프로그램의 코드를 수정, 사용할 수 있도록 공개하는 것인데 플래시는 회사 소유라 그럴 수 없었거든. 앞에서 매크로미디어가 퓨처웨이브 소프트웨어를 인수했다고 했지? 그 이후에는 매크로미디어를 어도비가 인수했어. 결국 플래시는 오픈소스가 아니라 어도비 프로그램이어서 인터넷을 사용하는 전 세계인이 어도비라는 회사에 의존할 수 밖에 없는 형국이었던 거지. 플래시는 어도비가 관리하므로 어도비가 주요 의사결정을 내릴 때마다 모든 사용자가 영향을 받는 거야.

예를 들어 플래시를 사용하려면 얼마씩 내라고 어도비에서 갑자기 요금을 청구하면? 꼼짝 없이 내야 하는 거지. 요금을 안 내면 웹 사이트를 제대로 방문할 수 없는 거고. 바로 이 부분이 스티브 잡스를 깊이 고민에 빠지게 만든 것이지. 그 당시 스티브 잡스는 HTML5, CSS3가 제시하는 자유로운 웹 표준을 믿었고, 그런 웹에 대한 신념이 있었어. 웹은 누구나 참여하고 실행할 수 있는 생태계라고 믿었지. 그런데 단 한 회사가 모든 것을 통제하고 의사 결정을 내리다니! 그러면 안 된다고 생각했던 거야.

스티브 잡스의 편지 2. 플래시는 믿음직하지 않다

스티브 잡스는 맥OS에서 프로그램 오류와 개발을 어렵게 만드는 원인 1위를 플래시라고 생각했어. 왜냐하면 플래시는 데스크톱을 위한 프로그램이므로 플래시와 상호작용하려면 마우스를 활용해야 했어. 손가락 터치를 활용하는 iOS로서는 이 점이 개발을 어렵게 만들었지. 플래시는 보안 이슈도 많았어. 실제로 많은 사람들이 플래시 때문에 해킹을 당하고 바이러스에 감염되었어.

플래시의 안녕과 웹 기술의 발전

이런 다양한 이유 때문에 스티브 잡스가 플래시를 iOS에서 배제하겠다고 결정한 거야. 그리고 그 결정은 커다란 변화를 가져왔어. 플래시를 대체할 만한 기술이 HTML5, CSS3에 도입되고 개발 속도에도 박차를 가했지. 그 덕분에 플래시 없이도 아름다운 웹 사이트를 만들 수 있었어. 그러면서 플래시는 서서히 저물기 시작했고 어도비는 결국 2020년 12월 31일에 플래시의 종료를 공식 발표했지. 더 이상 새로운 플래시를 내려받을 수 없고, 브라우저에 설치된 플래시가 모두 삭제되고, 윈도우에서 플래시는 지워야 하는 프로그램이 된 거야. 플래시는 우리 곁을 떠났지만 우리에게는 더 멋진 웹 표준이 생겼어. 그런 점에서 플래시와 이별한 것은 아주 좋은 일이었다고 할 수 있겠네!

16
에피소드

인터넷 익스플로러가 사라진 이유와 브라우저 엔진

#브라우저_엔진 #익스플로러 #프런트엔드

다음 화면은 윈도우 10에 설치된 인터넷 익스플로러 11 버전을 이용하여 유튜브에 접속해 본 거야. **이제 인터넷 익스플로러로는 유튜브에 접속할 수 없다는 거지.**

인터넷 익스플로러로는 유튜브에 접속할 수 없다는 것을 알리는 메시지 창

세계적으로 크게 사랑받았던 인터넷 익스플로러는 이제 사람들의 손에서 떠났어. 대체 왜 이렇게 된 것일까?

최신 기술을 가장 빨리 지원했던 인터넷 익스플로러

먼저 인터넷 익스플로러가 사랑받았던 이유부터 알아보자. 1996년에 인터넷 익스플로러 3.0 버전이 발표되었어. 그리고 인터넷 익스플로러는 CSS를 최초로 적용한 웹 브라우저였지. CSS가 뭔지는 알지? CSS는 웹 사이트를 개발할 때 화면을 배치하고 꾸미는 등의 작업을 할 때 필요한 기술인데, 이 기술을 최초로 지원한 웹 브라우저가 바로 인터넷 익스플로러야. 여기서 '지원'이라는 표현을 기억해 둬.

아무튼 여기서 내가 말하고 싶은 건, 인터넷 익스플로러가 사람들이 좋아하는 기술을 가장 빨리 지원한 브라우저였다는 거야. 더 알아볼까?

밋밋한 웹 사이트(왼쪽)를 CSS로 꾸민 모습(오른쪽)

1999년, 인터넷 익스플로러 5.0 버전이 나왔을 때는 에이젝스 (Ajax, Asynchronous JavaScript and XML) 기술을 최초로 지원했어. 에이젝스가 뭐냐면, 웹 사이트에서 어떤 내용을 업데이트하면 새로 고침으로 확인해야 하는데 그 과정 없이 업데이트한 내용을 볼 수 있게 해주는 기술이야. 웹 개발을 조금이라도 공부해 본 사람이라면 이 기술이 얼마나 대단한지 알 거야.

이렇게 예전의 인터넷 익스플로러는 사람들이 좋아하는 기술을 빨리 지원하는 그야말로 '힙'한 프로그램이었어. 이렇게 멋진 프로그램이 이제는 구닥다리가 되어 버린 이유는 뭘까?

프런트엔드 기술을 '지원'하는 브라우저 엔진

주변에 개발자 친구가 있어? 아마 있다면 가끔 프런트엔드(front-end)라는 표현을 쓰는 걸 본 적이 있을 거야. 프런트(front)는 앞을, 엔드(end)는 끝을 뜻하지? 어떤 프로그램을 개발할 때 사용자와 가장 가까운 개발 영역을 프런트엔드라고 해. 그중에 웹 개발에 한정해서 개발하는 것을 '프런트엔드 웹 개발'이라고 해. 이 이야기를 하는 이유는 프런트엔드 웹 개발에 필요한 3가지 언어 또는 기술인 HTML, CSS, 자바스크립트를 웹 브라우저가 이해할 수 있어야 하기 때문이야.

브라우저가 어떻게 이 세 언어 또는 기술을 이해할 수 있을까? HTML을 예로 들어 볼게. HTML은 웹 사이트에 들어갈 텍스트, 그림 등을 표현하는 규약이야. 그래서 HTML 표준안을 정하고 웹 브라우저를 개발

브라우저가 이해해야 할 언어(기술) 3가지는 바로 HTML, CSS, 자바스크립트

해야 해. 예를 들어 HTML 표준안을 '〈h1〉 태그로 감싼 텍스트는 20포인트 크기로 굵게 써야 한다'라고 정했다면, 개발자는 표준안에 쓰여진 대로 〈h1〉 태그를 표현할 수 있도록 웹 브라우저를 개발하는 거야.

그리고 이렇게 개발한 웹 브라우저의 핵심 프로그램을 '브라우저 엔진' 또는 '렌더링 엔진'이라고 해! 파이어폭스에는 게코(gecko)라는 엔진이, 사파리에는 웹킷(webkit)이라는 엔진이 들어 있는 거지. 크롬은 블링크(blink)라는 엔진을 사용하는데, 이 엔진은 웹킷의 다른 버전이야. 브라우저에 사용하는 엔진을 알아보기 쉽게 표로 정리해 봤어.

엔진 이름	브라우저 이름
게코(gecko)	파이어폭스
웹킷(webkit)	사파리
블링크(blink)	크롬

자바스크립트도 마찬가지야. 자바스크립트에는 에크마스크립트(ECMAScript)라는 표준안이 있고, 이를 웹 브라우저에서 실행할 수 있게 해주는 프로그램인 엔진이 있어. 크롬 브라우저의 엔진은 v8이라고 하지. 참고로 v8 엔진은 크롬 브라우저뿐 아니라 노드제이에스, 디노와 같이 자바스크립트를 해석해야 하는 곳에서도 쓰여.

V8 엔진의 로고

아무튼! 브라우저는 이렇게 엔진이라는 것을 장착해서 HTML, CSS, 자바스크립트를 이해할 수 있는 거야. **좀 멀리 돌아왔지만 중요한 것은, 이 엔진의 성능이 바로 웹 브라우저의 성능을 결정한다는 거지. 그러니까 이 엔진이 최신 표준안, 최신 기술을 지원한다면 최신 웹 브라우저가 되는 거야.** 우리가 가전제품을 살 때와 완전히 같아. 이제 '웹 브라우저가 ○○○을(를) 지원한다'라는 말이 무슨 뜻인지 알겠지?

점유율만 믿고 게으름을 피운 인터넷 익스플로러

웹 브라우저가 어떻게 구성되고, 웹 브라우저가 지원한다는 말이 무슨 뜻인지 알아봤어. 그래서 인터넷 익스플로러는 어땠냐고? 아쉽게도 인터넷 익스플로러는 점점 게을러지기 시작했어. 자신의 엔진을 너무 게으르게 업데이트한 거지. 왜냐고? 인터넷 익스플로러는 시장을 독점했거든. **2003년에는 인터넷 익스플로러의 시장 점유율이 95%였어. 무려 95%!** 스마트폰 시장도 이렇게 독점하는 형태는 아니잖아? 그만큼 인터넷 익스플로러의 힘이 막강했던 거야. 하지만 인터넷 익스플로러의 인기는 2003년부터 급격하게 떨어지기 시작했어. 왜냐고? 새 버전이 나오기까지 정말 오래 걸렸는데, 이것이 보안 문제와 맞물렸거든. 인터넷 익스플로러 버전 6.0이 2001년 8월에 출시되었는데 버전 7.0은 2006년 10월에 출시되었어. 그 사이에 수많은 보안 취약점이 발견되었는데 빨리 고치지 않았어.

인터넷 익스플로러가 이러는 동안 다른 웹 브라우저는 발전했어. 사파리, 크롬 등 다른 브라우저들은 더 좋은 엔진을 갖추었고 인터넷 익스플로러는 마침내 백기를 들고 말았지. 마이크로소프트는 인터넷 익스플로러 지원을 결국 중단하고, 마이크로소프트 엣지(Microsoft Edge)라는 웹 브라우저를 새로 개발하여 발표했어. 재미있는 점은 엣지 웹 브라우저의 엔진

정기용 개발자가 직접 세운
인터넷 익스플로러 묘비

이 크롬 브라우저의 엔진인 블링크라는 거야. 그만큼 엔진 개발이란 힘든 건가 봐.

17
에피소드

아, 쿠키가 먹는 게 아니라고요?

#HTTP_쿠키 #나도_모르게_저장됨 #재방문_기억 #어느_나라_사람인지_기억

이번에는 쿠키를 소개하려고 해. 혹시 아메리카노 커피와 먹으면 찰떡인 달달하고 바삭바삭한 쿠키를 생각했어? 여기서는 먹는 쿠키 말고 HTTP 쿠키(cookie)를 이야기할 거야.

우리가 누구인지 알고 있는 쿠키

쿠키는 웹 기술과 관련이 있어. **여러분이 어떤 웹 사이트에 방문했을 때 브라우저를 통해 여러분의 컴퓨터에 보관하는 기록물을 말해.**

예를 들어 페이스북은 쿠키를 활용해서 여러분이 페이스북 외에 어떤 웹 사이트를 방문했는지, 관심사는 무엇인지, 인터넷에서 무엇을 하는지 관찰해. 어떻게 이렇게 할 수 있을까? 이것을 이해하려면 HTTP가 무엇인지 알아야 해.

쿠키

HTTP가 뭐죠?

웹 사이트에 접속할 때 HTTP가 보이지? HTTP는 HyperText Transfer Protocol의 줄임말로, 인터넷에서 정보를 주고받기 위한 프로토콜이라는 거야. 쉽게 말해 인터넷에서 사용자와 서버가 정보를 주고받기 위한 일종의 규칙이라고 생각하면 돼. 우리가 웹 브라우저에서 주소를 탁 치고 기다리면 화면이 나오지? 이런 과정은 모두 HTTP라는 규칙 아래에서 진행돼.

우리를 기억하지 못하는 HTTP

그런데 HTTP에서는 우리와 서버는 항상 연결되어 있지 않다(stateless)는 특징이 있어. 무슨 말이냐 하면, 우리가 브라우저에 주소를 치잖아? 그러면 서버는 그 주소에 해당하는 데이터를 우리에게 보내 주고, 데이터를 다 보내면 우리와 연결 상태를 끊고 우리가 누구인지 잊어 버려.

▶ 여기서 서버가 보내 주는 데이터는 HTML, CSS 등으로 구성되어 있어. 즉, 우리가 보는 웹 사이트의 화면을 말해.

그런데 여기서 문제가 하나 발생하지. 서버는 가끔 우리가 누구인지 기억해야 한다는 거야. 그래서 쿠키가 필요한 거야.

서버가 기억하려면 쿠키가 필요해

로그인으로 알아보는 쿠키

우리가 어떤 웹 사이트에 로그인하고 이것저것 하다가 웹 브라우저를 끈 다음, 다시 웹 사이트에 방문하면 로그인이 유지되는 경우가 있지? 마치 서버가 우리를 기억하는 것처럼! 분명 아까 우리가 공부한 대로라면 '다시 로그인하세요'가 나와야 할 것 같은데 말이야. 어떻게 그럴 수 있냐고?

여러분이 로그인하면 서버에서는 영수증 같은 것을 발행해 주기 때문이야. 영수증에는 '이 웹 사이트에 접속한 사람은 니꼴라스고, 우리는 이 사용자를 신뢰한다!'라고 적혀 있어. 그리고 이 영수증은 여러분의 컴퓨터 어딘가에 저장돼. 이후 같은 웹 사이트에 다시 접속하면 여러분이 모르는 사이에 이 영수증을 서버에 보내는 거야. 그러면 서버는 이 영수증을 보고 '오, 우리가 신뢰하는 사용자 니꼴라스구나!' 하고 로그인 상태를 유지해 주는 거지.

쿠키는 영수증 역할을 한다

이 영수증이 바로 쿠키야! 이렇게 쿠키는 여러분이 웹 사이트에 접속할 때마다 서버에 전송되어서 서버의 기억을 되살리는 역할을 해.

▶ 다른 예로 여러분이 어떤 웹 사이트의 언어를 한국어로 설정하면 그 기록도 쿠키로 남아. 그래서 이후 그 웹 사이트에 접속할 때마다 우리말로 볼 수 있는 거지.

쿠키에도 규칙이 있다고?

이렇게 HTTP의 기억력을 보완해 주는 쿠키는 편의, 보안 등의 이유로 몇 가지 규칙을 따라야 해. 어떤 규칙이 있는지 알아보자.

규칙 1. 쿠키는 도메인 1개에만 한정한다

예를 들어 페이스북에서 생성된 쿠키는 넷플릭스에 보낼 수 없어. 이건 당연해. 여러분의 페이스북 기록을 넷플릭스에 보내면 안 되겠지.

규칙 2. 쿠키는 자동으로 보낸다

쿠키를 서버에 보낼 때 '쿠키를 보내시겠습니까?'와 같은 메시지를 본 적 없지? 쿠키는 여러분이 원하든 원하지 않든 여러분의 컴퓨터와 서버를 왔다 갔다 할 수 있어.

▶ 물론 웹 사이트를 처음 접속하면 '쿠키 수집에 동의하십니까?'라고 묻는 곳도 있지만 대부분 자동으로 쿠키를 보내.

규칙 3. 쿠키는 컴퓨터에 자동으로 저장된다

쿠키는 여러분이 어떤 웹 사이트에 접속하면 그 순간 쏟아져 들어와서 볼 수 있을 거야. 다음은 구글 드라이브에 접속했을 때 들어오는 쿠키들이야. 엄청나게 많지?

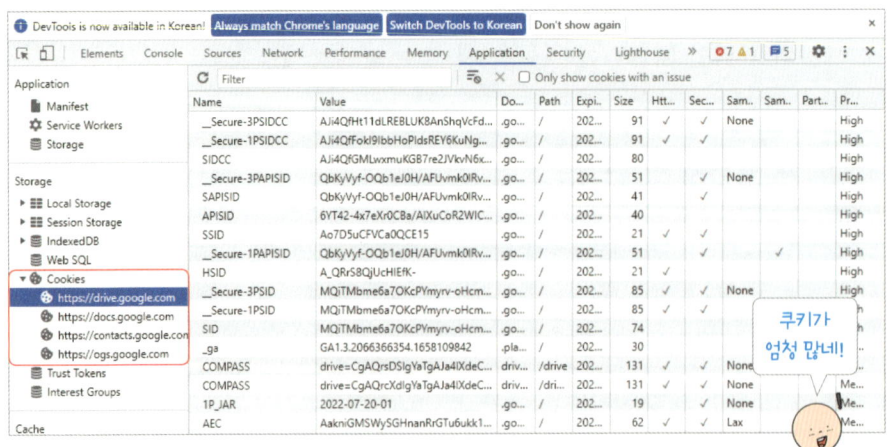

구글 드라이브에 접속했을 때의 쿠키들

페이스북은 우리가 접속한 다른 사이트를 어떻게 알까?

그런데 분명 쿠키는 한 도메인에 한정되어 있다고 했지? 넷플릭스는 넷플릭스의 쿠키, 페이스북은 페이스북의 쿠키 이런 식으로! 그런데 도메인과 상관없는 쿠키도 있어. 그리고 이런 쿠키 때문에 페이스북이 우리를 잘 알고 있는 거야!

린의 블로그에 페이스북 좋아요를 누르면 벌어지는 일

자, 내가 린의 블로그에 접속했다고 해볼게. 이 블로그에는 페이스북 링크가 없어. 즉, 페이스북과 전혀 상관없는 블로그라는 거지.

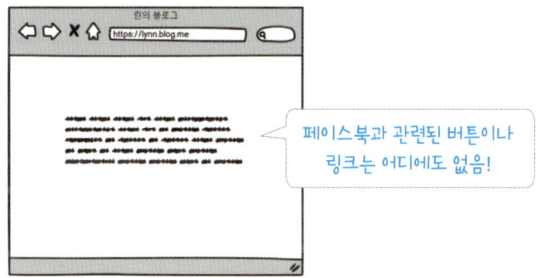

페이스북과 전혀 상관없는 린의 블로그

여기서 페이스북이 쿠키를 얻을 수 있을까? 답은 No! 그럴 수 없어. 하지만 린의 블로그에 페이스북의 '좋아요'가 달려 있다면 어떨까?

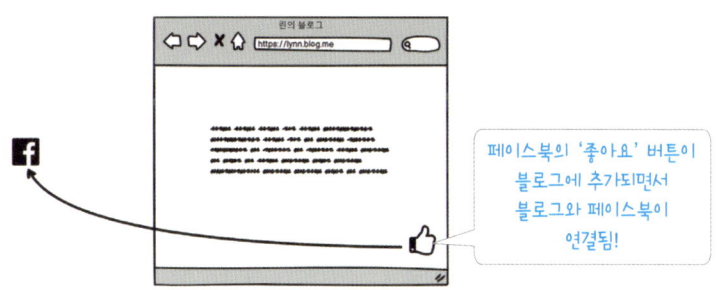

페이스북의 '좋아요'가 달린 린의 블로그

이 버튼을 누르면 페이스북에게 무언가를 요청하게 되잖아? 즉, 이 '좋아요'는 페이스북과 관련 있는 버튼이니까 이를 통해 페이스북은 린의 블로그에서 쿠키를 얻을 수 있어. 이를테면 다음과 같은 방식으로 말야.

"쿠키 123을 가진 사용자 니꼬는 린의 블로그에서 좋아요 버튼을 눌렀다."

이렇게 페이스북은 똑똑한 방법으로 우리의 정보를 갖고 있어. 쿠키는 이런 방식으로 우리와 공존해. 이제 쿠키가 뭔지 잘 알았지?

 | # 웹 개발자라면 꼭 알아야 하는 브라우저 익스텐션 ①

웹 개발자는 브라우저에서 다양한 익스텐션을 사용해. 나도 익스텐션을 자주 활용하는 편이고 말야. 다들 내가 무슨 익스텐션을 사용하는지 궁금해하더라고.

▶ 브라우저 익스텐션이란 웹 브라우저에 추가로 장착할 수 있는 도구를 말해.

그래서 지금 당장 웹 개발에 활용하면 효율이 10배 오를 수 있는 익스텐션 8개를 공유할까 해. 그중에 먼저 4개를 소개할게. 참고로 여기서 소개할 익스텐션은 구글 크롬 브라우저에서 작동하고, 크롬 웹 스토어에서 검색하면 설치할 수 있어. 구글에서 '크롬 웹 스토어'를 검색해 봐. 그럼 다음 사이트로 이동할 거야.

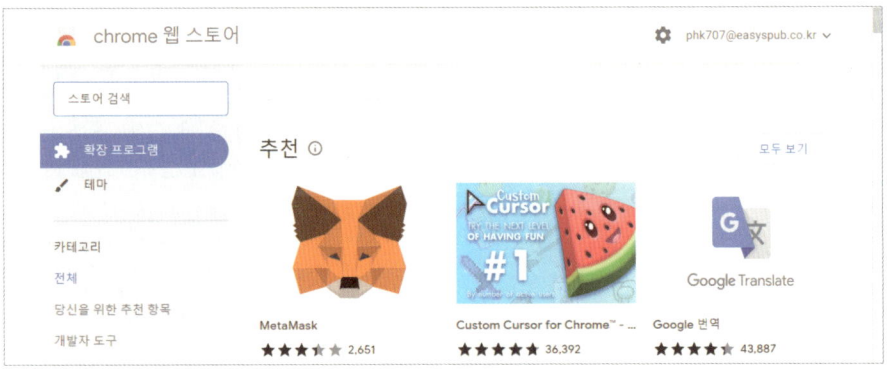

크롬 웹 스토어 화면

익스텐션 1: ColorZilla

첫 번째 추천 익스텐션은 컬러질라(ColorZilla)야. 이 녀석은 웹 페이지의 색상을 스포이드 기능으로 뽑아 낼 수 있어. 만약 클론 코딩 방식으로 공부한다면 이 녀석은 정말 유용할 거야. 색상을 맞추는 것도 매우 중요하거든. 이 녀석을 설치한 다음에 웹 페이지의 특정 부위를 클릭하면 색상값을 알려 줘.

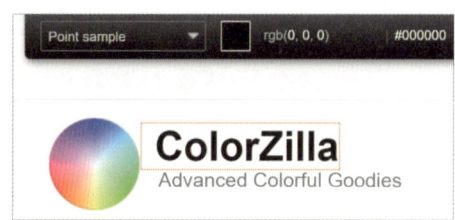

웹 사이트의 특정 부위 색상을 알려 주는 ColorZilla

익스텐션 2: Momentum

모멘텀(Momentum)은 브라우저 창을 열 때마다 멋진 풍경이나 그림이 배경으로 나타나고 중앙에는 '안녕, ○○○. 오늘 이루고 싶은 목표는 뭐니?' 이런 인사말을 건네 주는 서비스야. 그 아래에는 할 일 목록을 정리할 수 있지. 나는 하루에 할 일을 적어 놓고 끝나면 체크하는 식으로 정리해. 실제로 이 서비스를 쓰면서 생산성이 많이 올랐어.

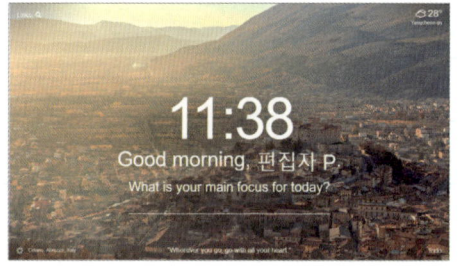

하루를 시작할 때 제격! Momentum

🎬 익스텐션 3: CSSViewer

CSS뷰어(CSSViewer)는 특정 페이지의 CSS 엘리먼트를 확인할 수 있게 도와줘. 만약 여러분이 좋아하는 사이트의 CSS가 어떻게 빌드되었는지 궁금하다면 이 익스텐션을 활용하면 좋을 거야. 물론 기본 기능으로 제공하는 검사 도구도 훌륭하지만 이 녀석이 훨씬 편리해. 익스텐션을 실행하고 궁금한 엘리먼트에 마우스를 올리기만 하면 그 엘리먼트가 가지고 있는 CSS 속성을 전부 보여 주거든!

🎬 익스텐션 4: JSON Viewer

제이슨뷰어(JSON Viewer)는 웹 브라우저에서 JSON 파일을 아름답게 보여 주는 익스텐션이야. JSON 파일은 원래 다음과 같이 무시무시하게 생겼어.

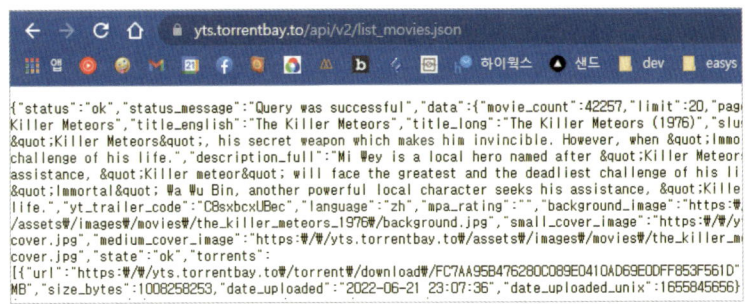

무시무시해(?) 보이는 JSON 파일의 모습

하지만 이 녀석을 사용하면? 와우! 이렇게 아주 아름답게 정리되지. 못 믿겠지만 다음 파일 모습은 아까 본 파일과 같아. 웹을 개발할 때 JSON 파일을 자주 열어서 보는데, 이렇게 보기 좋게 해주는 익스텐션이 있으면 생산성이 확 오르겠지?

```
1     // 20220622140917
2     // https://yts.torrentbay.to/api/v2/list_movies.json
3
4   ▾ {
5       "status": "ok",
6       "status_message": "Query was successful",
7   ▾   "data": {
8         "movie_count": 42257,
9         "limit": 20,
10        "page_number": 1,
11  ▾     "movies": [
12  ▾       {
13            "id": 42952,
14            "url": "https://yts.torrentbay.to/movies/the-|
15            "imdb_code": "tt0074747",
16            "title": "The Killer Meteors",
17            "title_english": "The Killer Meteors",
```

JSON 파일이 보기 좋아졌어!

JSON Viewer 덕분에 아름다워진(?) JSON 파일의 모습

18
에피소드

프런트엔드, 백엔드?

#프로그램의_앞과_뒤 #화면은_프런트엔드 #데이터베이스는_백엔드

웹 개발에 관심이 많다면 프런트엔드, 백엔드, 그리고 풀스택이라는 말을 많이 들어 보았을 거야. 이런 표현을 들으면 어때? 아마 어떤 웹 개발자가 되어야 하는지도 고민했을 거야. 왜냐하면 실제로 이들이 하는 일이 무엇인지 잘 모르니까! 검색해 봐도 이해하기도 힘들고, 누가 좀 편안하게 이야기해 줬으면 하는 사람들이 많았을 텐데, 이번에 세 분야의 개발자들이 하는 일과 장단점 등을 정리해 줄게. 여기에서는 프런트엔드와 백엔드 먼저 다루고 나머지 풀스택은 [에피소드 20]에서 소개할게.

프런트엔드, 백엔드 의미부터 제대로 알고 넘어가자!

프런트엔드는 말 그대로 앞(front), 끝(end), 즉 모든 프로그램의 가장 앞을 말해. 애플리케이션이나 웹 사이트에서 실제로 여러분이 사용하는 화면 있지? 카카오톡의 채팅 화면, 네이버의 화면 등 말야. 바로 그곳을 프런트엔드라고 해.

그럼 반대로 백엔드는 무엇일까? 뒤(back), 끝(end), 즉 모든 프로그램의 가장 뒤를 말해. 애플리케이션이나 웹 사이트에서 뒤쪽을 책임지는 부분이지. 데이터베이스나 라우터와 같은 것들 말야.

그리고 마지막으로 중요한 거! 이 두 용어를 웹 개발 분야에서 많이 쓰다 보니 프런트엔드, 백엔드 하면 웹 개발만 떠올리는 사람이 많은데 그렇지 않아. 오해하지 말라고! 다만 나는 모든 개발 영역을 다 잘 알지 못해서 웹 개발 영역에 한정해서 프런트엔드와 백엔드 개발자만 이야기해 볼 거야. 참고해!

프런트엔드 개발자, 당신은 누구인가요?

프런트엔드 개발자부터 설명할게. 그런데 말야. 나는 단점부터 말하고 싶어. 겁을 주려는 것은 아닌데 미리 알고 시작해야 대비하기 좋거든!

기술의 변화 속도가 엄청 빠르다!

왜냐하면 프런트엔드 기술은 정말 빨리 발전해서 개발자가 공부해야 할 내용이 너무너무 많거든. 이게 프런트엔드 개발자의 단점이야. 자바스크립트 피로(JavaScript fatigue)라는 단어까지 있을 정도지! 프런트엔드 개발자는 자바스크립트를 주로 쓰잖아? 그런데 관련 기술이 엄청 빨리 발전하니까 공부하기가 정말 힘든 나머지 이런 말이 나온 것 같아. 끊임없이 발전하고 업데이트하는 환경! 공부를 어느 정도 꾸준히 했는데도 마스터했다는 기분이 들지 않으니까 힘들다는 생각이 절로 든다는 것이지. 하지만 그만큼 관련 기술이 활발히 논의되는 곳이니 기회도 많아!

내가 입력한 내용을 바로 볼 수 있다!

그렇다면 프론트엔드 개발의 장점은 무엇이냐? 그건 바로 여러분이 작업한 것을 바로 볼 수 있다는 거야. 코드를 입력하면 피드백이 바로 오는 거지. HTML, CSS, 자바스크립트로 웹 사이트를 만들면 결과물이 바로 보이니까 공부하는 사람으로서도, 일을 하는 사람으로서도 피드백을 즉각 받는 기분이 들어서 즐겁게 일할 수 있어. 사용자와 거리도 매우 가깝지. 만약 누군가에게 "네가 만든 웹 사이트 정말 멋지던데!?"이런 말을 듣는다면 얼마나 좋을지 상상해 봤어? 바로 이 점이 프론트엔드의 가장 큰 장점이야. 이제 백엔드 개발자를 소개해 볼게.

백엔드 개발자, 당신은 누구인가요?

개발 환경이 안정적이다!

우선 백엔드의 큰 장점은 개발 환경이 프론트엔드에 비해 안정적이라는 거야. 장고(Django), 루비온레일즈(Ruby on Rails)와 같은 도구는 정말 안정감 있지. 노드제이에스는 빨리 변하는 편이라는 의견도 있는데, 하지만 프론트엔드 기술만큼 빠르게 변하지는 않아. 이게 무슨 말이냐면, 예를 들어 2년 전에 배웠던 장고를 오늘 다시 공부한다고 해보자. 그러면 아주 일부 기능만 공부해서 여러분의 프로젝트에 업데이트하면 계속해서 최신 장고 버전에 맞춰 따라갈 수 있어. 하지만 프론트엔드의 기술들, 그러니까 웹팩(webpack), 리액트, 그래프큐엘(GraphQL) 같은 것을 2년 전에 배웠다면? 지금은 엄청나게 많은

노드제이에스 로고

루비온레일즈 로고

것을 새로 공부해야 해. 변화가 크지 않은 안정된 개발 환경은 백엔드의 커다란 장점이라고 할 수 있어. 하나만 배워 두면 쭉 개발할 수 있으니까.

기술 선택지가 다양하다!

이건 백엔드의 또 다른 장점이야. 한편으론 프런트엔드의 단점이기도 하고. 알다시피 프런트엔드 분야에서 일하려면 HTML, CSS, 자바스크립트를 무조건 배워야 해. 줄여서 HCJ라고 하지. 만약 프런트엔드 개발자인데 CSS를 싫어한다고 해서 다른 기술을 배울 순 없어. 자바스크립트를 싫어한다면? 더욱 곤란하지. 하지만 백엔드 개발자에게는 선택할 수 있는 옵션이 많아. 자바, 루비, 장고, 파이썬, 플라스크 등 엄청나게 많지.

사용자와 거리가 멀어서 흥미가 떨어진다!

백엔드 개발자의 단점이라면 사용자와 거리가 멀다는 거야. 친구가 여러분의 웹 사이트를 방문한 다음에 "와! 네가 만든 웹 사이트의 데이터베이스 구조가 정말 멋지다!"라든지 "엄청난 캐싱인데?"라든지 "이렇게 보안을 세팅하다니!"와 같은 이야기를 해줄 수는 없겠지?

만약 백엔드와 프런트엔드 가운데 어느 분야로 나아갈지 고민한다면 앞에서 설명한 장단점을 잘 읽어 보고 선택하기를 바랄게.

에피소드 19

서버가 뭔지 아직도 모른다고?

#모니터_없는_컴퓨터 #24시간_가동 #저장소_메모리_엄청_큼

흔히 '서버가 다운됐다', '서버가 터졌다', '서버를 닫아야 한다' 이런 말을 들은 적이 있을 거야. 정말 일상에서 사용하는 말이 되어 버려서 이제는 개발과 전혀 상관 없는 사람도 들을 수 있지. 그만큼 서버는 일상에서 흔히 접할 수 있는 용어가 되었어. 그런데 서버가 뭔지 설명하라고 하면 정확히 아는 사람이 별로 없어. 여기서는 백엔드 개발자나 보안 관련자가 아니라 일반인 수준에서 서버란 무엇인지 기초 설명을 해줄게.

서버는 그냥 컴퓨터다

서버란 뭘까? 서버는 그냥 컴퓨터야. 서버(server)는 영어로 봉사자, 서비스를 제공하는 사람이지? 이렇게 서비스를 해주는 역할을 한다면 여러분의 노트북도 서버가 될 수 있어. 구글에서 [이미지] 메뉴를 선택한 뒤 '서버'를 입력해서 검색해 볼까?

서버의 외부 모습은 어떻게 생겼을까?

그러면 서버 이미지가 여러 개 나올 거야. 대부분 검은색에 복잡하게 연결된 무서운 기계 모습을 하고 있어. 흔히 볼 수 있는 데스크톱의 본체 모습도 있고 말야. 여기서 우리가 추측할 수 있는 것은 서버는 **모니터가 없는 컴퓨터**라는 거야. 실제로 그래. 그리고 365일 24시간 내내 인터넷에 연결되어 있어야 해. **서버 크기는 저장소와 메모리 모두 어마어마해.**

서버를 검색하면 나오는 이미지들

마지막으로 서버의 외부 모습을 정리하고 내부 모습을 살펴보자.

서버의 외부 모습

- 모니터가 없거나 1개만 있다.
- 항상 인터넷에 연결되어 있다.
- 저장소와 메모리 크기는 모두 어마어마하다.

서버의 내부 모습은 어떻게 생겼을까?

그럼 서버의 내부 모습, 즉 소프트웨어로서의 서버는 어떻게 생겼을까? 사용자가 요청했을 때 네트워크에 연결된 컴퓨터가 실행하는 코드를 서버라고 생각하면 돼. 그 코드는 여러분이 어떤 URL을 입력했을 때 그에 맞는 행동을 해.

네이버에 접속하면?
네이버 웹 사이트 화면 구성에 필요한 정보가 날아온다

예를 들어 여러분이 네이버에 접속하면 네이버 메인 화면이 열리지? 이건 '사용자가 www.naver.com이라고 요청을 보내면 네이버 메인 화면에 맞는 자료를 모두 넘겨 줘'라는 코드가 실행된 거야.

이렇듯 서버는 여러분이 웹 사이트 주소를 입력하기를 기다렸다가 해당 주소가 입력되면 그에 맞는 웹 페이지를 꺼내서 보여 주는 코드라고 생각하면 돼.

주소를 입력받으면 서버는
바로 웹 페이지를 꺼내서 보여 준다

정리하자면 서버는 인터넷에 항상 연결되어 있으면서 사용자가 웹 사이트 주소를 입력하기를 기다리고 있어. 그리고 그 주소가 입력되면 그에 맞는 웹 페이지와 데이터를 보여 주지. 지금 화면에 보이는 이미지, 회사 로고, 텍스트 등은 모두 그 서버가 실제로 가지고 있는 데이터인 거야. 지금까지 설명한 서버의 특징을 간단히 정리해 봤어.

서버의 특징

- 서버는 24시간 내내 주소 입력을 기다린다.
- 주소가 입력되면 그 주소에 해당하는 데이터를 꺼내서 보여 준다.

지금까지 설명한 내용을 단 한 문장으로 정리하자면, **서버는 항상 켜져 있는 컴퓨터이면서 인터넷에 연결되어 있고 접속 요청에 응답하는 컴퓨터야.** 그래서 가끔 자신만을 위한 서버를 구축하는 사람도 있어. 업무용 컴퓨터에 영화나 사진처럼 용량이 큰 데이터를 저장하면 정신이 산만하니까 그런 데이터만 저장하는 용도로 서버를 쓰는 거지. 서버는 이렇게 아주 다양한 형태로 사용할 수 있어.

20
에피소드

슈퍼 개발자만 할 수 있다, 풀스택?

#해야_하는_일_정말_많음 #프런트엔드 #백엔드 #데브옵스

이번에는 웹 개발 분야에서 자주 보는 풀스택이라는 용어를 소개하려고 해. '풀스택 개발자는 프런트엔드, 백엔드를 하는 사람'으로 알려져 있는데, 완전히 틀린 말은 아니지만 또 꼭 그렇지만은 않아. 이참에 풀스택(full stack)은 무엇이고, 풀스택 개발자는 무엇을 할 수 있어야 하는지 살펴보자.

풀스택은 프런트엔드, 백엔드, 데브옵스다

풀스택이란 프런트엔드, 백엔드, 그리고 데브옵스(DevOps)를 포함하는 거야. 그러니 풀스택 개발자는 이것들을 모두 할 수 있어야 하겠지?

▶ 데브옵스란 소프트웨어의 개발(development)과 운영(operations)의 합성어야. 소프트웨어 개발자와 정보 기술 전문가 사이에 소통, 협업, 통합을 강조하는 개발 환경이나 문화를 말해.

프런트엔드, 백엔드, 데브옵스를 전부 할 줄 아는 풀스택 개발자는 오리?

프런트엔드 간단 정리

프런트엔드는 사용자가 보는 화면의 인터페이스를 의미해. 이것을 사용자 인터페이스(user interface, UI)라고 하지. 사용자 인터페이스는 사용자와 상호작용하는 것을 의미해. 웹 사이트를 이용할 때 볼 수 있는 버튼, 입력란, 애니메이션, 반응형 디자인 등을 말하는 거지.

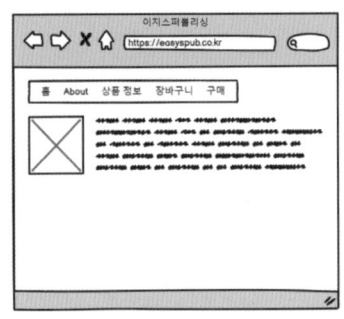

프런트엔드 개발자가 주로 만드는 웹 사이트 화면

이런 걸 개발한다면? 그 사람이 바로 프런트엔드 개발자야. 프런트엔드 개발은 HTML, CSS, 자바스크립트, 리액트, 제이쿼리, Vue.js 등 다양한 기술을 공부해야 할 수 있어. 이 기술들은 모두 사용자와 상호작용하기 위한 것이야.

백엔드 간단 정리

백엔드는 사용자가 눈으로 볼 수는 없지만 실제로는 사용해야 하는 기능이야. 예를 들어 계정 생성, 동영상 업로드, 댓글 저장 기능 같은 것이지. 그러니까 여러분이 댓글을 작성한다면, 프런트엔드인 댓글 창에 댓글을 입력하고 나서 〈입력〉 버튼을 누르면 그다음은 백엔드가 처리해.

백엔드에서는 그 댓글을 받아서 데이터베이스에 저장하지. 그래서 백엔드 개발자는 PHP, 자바, 파이썬, 자바스크립트, C# 등 많은 언어를 공부해야 해.

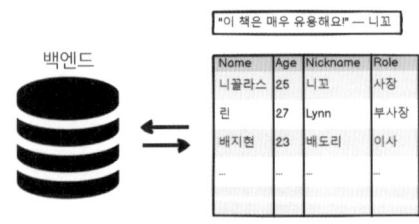

댓글이 백엔드를 통해 처리되는 모습

풀스택 간단 정리

이렇게 프런트엔드, 백엔드 개발을 다 마치면 개발이 끝날까? 아니야! 그걸 서버에 올려야 해. 서버를 고르고, 설정하고, 서버에 소프트웨어도 설치하고, 데이터베이스 설정도 하고, 보안도 신경 써야 하고… 할 것이 엄청나게 많아. 이 모든 것을 데브옵스라 하고, 이런 일을 하는 사람을 데브옵스 개발자라고 하지. 프런트엔드, 백엔드, 데브옵스를 모두 다 할 수 있는 사람이라면? 풀스택 개발자라고 하는 거야. 그래서 풀스택 개발자가 되기는 정말 어려워. 웹 페이지의 화면도 만들어야 하고, 데이터베이스에 데이터를 저장하기도 해야 하고, 완성된 프로그램을 서버에 올려야 하는 등 모든 과정을 전부 다! 그것도 자세히 알아야 해. 사실 조금 과장해서 풀스택 개발자는 1인 스타트업을 만들 수도 있어. 물론 기획도 할 줄 알아야겠지만.

풀스택 개발자로 일하고 싶다면 이런 회사는 조심!

가끔 어떤 회사에서는 2~3명이 하는 일을 풀스택 개발자 1명이면 다 할 수 있다고 생각해서 채용하는 경우도 있어. 실제로 그런 사례를 많이 봤어. 그런데 상식적으로 이건 옳지 않아. 만약 채용 공고에서 풀스택 개발자만 뽑는 회사가 있다면 자세히 살펴보는 게 좋아. 그리고 풀스택 개발자를 지원한다면 팀원이 몇 명인지 꼭 물어봐. 만약 풀스택 개발자가 딱 한 자리만 있다면 방금 이야기한 위험한 회사일 수도 있어. 또, 팀 구성원이 몇 명 있다면 일을 잘 구분해서 줄 수 있는지도 확인해야 해. **가끔 풀스택 개발자는 무조건 모든 영역을 다 개발해야 한다고 생각하는데, 할 수 있는 것과 하는 것은 엄연히 다른 거야.** 그래서 역할과 책임이 어디까지인지 명확하게 체크해야 해. 풀스택 개발자라고 해서 모든 일을 다 해야 하는 건 아니거든.

풀스택 개발자 취업 시 점검 사항

- 백엔드로 노드제이에스를 사용하나요? 아니면 파이썬을 사용하나요?
- 데브옵스는 할 수 있지만 개발에 더 집중하고 싶은데, 개발 프로세스가 궁금해요!
- 팀원은 몇 명인가요?

풀스택 개발자 커리어를 쌓고 싶은 사람을 위한 조언이었어. 난 풀스택이 되는 게 자유로워서 좋은데 여러분은 어떨지 궁금하네!

에피소드 21

서버리스는 서버가 없다는 뜻?

#서버가_진짜_없다는_건_아님 #내_옆에_없을_뿐

서버를 알아봤으니 이어서 서버리스를 이야기해 볼까 해. 혹시 백엔드 분야에서 일해 본 경험이 있다면 서버리스라는 단어를 쓴 적이 있을 거야. 서버리스는 영어로 serverless인데 직역하면 '서버 없음'이야. 그러니까 서버가 없긴 없는데 진짜로 서버가 없다는 뜻까지는 아니야. 웃기다고 할 수도 있는데, 내 설명을 들으면 서버리스가 무엇인지 확실히 이해할 수 있을 거야.

있기는 하지만 우리 곁에는 없는 서버, 서버리스

그럼 서버리스가 진짜 의미하는 건 무엇일까? 앞에서 서버를 설명해 줬으니까 알겠지만, 서버는 실체가 있어야 해. 서버리스는 서버 없음이 아니라 우리가 직접 관리하지 않는 서버를 의미해. 근데 직접 관리하지 않는 서버라고 이름을 짓자니 말이 길어지잖아? 그래서 우리 곁에 없는 서버라는 의미로 '서버리스'라고 하는 것 같아.

원래 서버는 우리 곁에 있었다

서버리스라는 표현이 탄생한 이유를 이해하려면 이전에는 서버를 어떻게 관리했는지 알아야 해. 바로 앞에서 서버리스는 직접 관리하지 않는 서버라고 했지? 서버리스가 없던 시절에는 실제 회사마다 서버를 직접 구매해서 전원을 꽂고 인터넷을 연결해서 관리해야 했어. 사무실에서 말야!

서버의 전원이 꺼지면 안 돼~!

그러면 무슨 일이 생길까? 갑자기 사무실에 정전이 발생하면? 누군가 청소한다고 서버의 전원을 뽑으면? 완전 큰일나는 거야. 그리고 내가 구매한 서버의 성능이 좋지 않은데 그 서버로 제공하는 웹 사이트가 엄청나게 인기를 끌어서 트래픽이 확 증가하면, 얼른 부품 판매소에 뛰어가서 용량이 큰 메모리를 사서 꽂아야 했지. **그러니까 한마디로 말해 예전에는 서버를 전부 수동으로 관리했어.**

아마존의 등장으로 서버는 우리 곁을 떠났다

이때 아마존이 등장해. 그리고 EC2라는 서비스를 선보이지. EC2는 아마존 엘라스틱 컴퓨트 클라우드(Amazon Elastic Compute Cloud)를 말하는데, 지금까지 여러분의 거실이나 사무실 한쪽 구석을 차지했던 서버를 아마존이 대신 운영해 준다는 목적으로 나온 서비스야. 그야말로 서버를 탄력적으로(elastic) 운영할 수 있게 되었지.

간단히 말해 최신 서버를 정전이나 각종 사고 없이 안전하게 제공, 관리해 주는 서비스지. 심지어 서버의 메모리도 원하는 만큼 신청해서 사용할 수도 있어. 이런 서비스는 굉장히 많아. 아마존, 구글, 마이크로소프트에서 각종 서비스를 제공하지. 하지만 이런 서비스들은 하드웨어를 제공, 관리해 줄 뿐이고 서버의 소프트웨어 관리는 여전히 우리가 해야 해. 무슨 말이냐면 서버의 운영체제 업데이트, 보안 점검, 장애 회복 시스템 구축, 데이터 백업 등 해야 할 일이 엄청 많아. **바로 이때 서버리스가 등장하는 거야!**

서버리스, 서버 제공부터 서버의 소프트웨어 관리 그리고 더!?

서버리스는 구조가 단순하지 않아. 우선 여러분의 서버를 위한 소프트웨어(백엔드 코드)를 작은 함수 단위로 쪼개. 그리고 그 함수를 아까 말한 서비스(서버)에 올리는 거지. 그리고 이 함수들은 서버에서 항상 깨어 있지 않아.

이렇게 하면 비용 면에서 아주 큰 장점이 생겨. 무슨 말이냐면 서버는 24시간 요청에 응답할 준비를 해야 하잖아? 하지만 서버리스에선 함수들이 잠을 자고 있어. 그리고 그 함수가 필요할 때(요청) 깨워서 요청한 작업을 수행해. 그러고 나서 함수는 다시 잠이 들지. 이렇게 하면 서버가 항상 응답할 준비를 하고 있는 건 아니지만 모든 응답에 반응할 수는 있는 거야! 효율성이 엄청 높지! 그러면 전력도 낭비하지 않을 수 있고, 하드웨어를 더 효율적으로 쓸 수 있어. 서버를 운영하던 사람에게는 엄청난 혁명인 것이지! 쉽게 말해 서버리스는 여러분이 등록한 함수가 실행된 만큼만 돈을 내면 돼. 외부에서 그 함수를 실행하는 요청이 들어오면 함수가 깨어나서 실행되고, 그리고 무언가를 수행하면 그때 돈을 내는 거야. 요청이 없으면? 함수는 잠만 잤을 테니 돈을 낼 필요가 없는 거지.

서버리스의 2가지 단점

하지만 서버리스에는 2가지 단점이 있어.

단점 1. 서버리스의 함수는 잠에서 깰 때 시간이 필요하다: 콜드 스타트

일단 첫 번째 단점은 서버리스의 함수가 잠에서 깨는 시간이 필요하다는 거야. 이것을 콜드 스타트(cold start)라고 해. 서버리스에 있는 여러분의 함수는 평소에 잠을 잔다고 했지? 그 함수를 요청해야 잠을 깨고 말야. 그러니 AWS(Amazon Web Services)가 함수를 깨우려면 시간이 필요해. 아주 조금이라도! 그래서 24시간 온라인을 제공하는 서버보다 응답 시간이 조금 더 필요해. 응답 시간은 밀리초 단위인데 그 시간도 매우 중요한 서비스라면 서버리스는 좋은 선택이 아닐 수도 있어. 그래서 때로는 함수 일부를 잠들지 않게도 한다는군!

단점 2. 서버 제공자에게 지나치게 의존한다

만약 여러분이 서버리스를 사용하고 있다면 AWS와 결혼한 것과 같아. 그래서 AWS가 마음에 들지 않는다고 해서 바로 헤어질 수 없어. 조금 극단적인 예시지만 정말로 그래. 단순히 함수를 빼서 다른 서비스로 이사 갈 수는 없거든. 무슨 말이냐면, 서버리스는 편리한 만큼 함수의 형태가 서비스에 딱 맞아떨어지는 형태여서, 지금 사용하는 서버리스 서비스에서 다른 회사의 서버리스 서비스로 옮기기는 쉽지 않다는 거지.

서버리스는 누가 쓰는 것이 좋을까?

그렇다면 서버리스는 누가 사용하는 게 좋을까? 난 사이드 프로젝트를 하는 사람이나 프로토타입을 최대한 빠르게 출시하고 싶은 기업에게 추천해. 서버리스로 작업하면 코드에 집중해서 작업할 수 있거든. 서버를 준비할 때는 설정 작업도 정말 중요한데, 서버리스는 그런 설정 작업이 적은 편이어서 서버를 엄청 빠르고 쉽게 구축하고 서비스를 출시할 수 있는 거지.

그래서 결론은? 서버 관리, 설정에서 시간을 아끼고 싶다면 서버리스가 정답이야. 서버리스를 배워 보고 싶다면 서버리스 프레임워크 사이트인 serverless.com이나 AWS 람다, 구글 클라우드 펑션(Google Cloud Functions), 아펙스(Apex), 테라폼(Terraform) 같은 상품을 둘러봐!

IT 쿠키 상식 | 웹 개발자라면 꼭 알아야 하는 브라우저 익스텐션 ②

저번 시간에 이어서 웹 개발자에게 유용한 브라우저 익스텐션을 소개할게. 이번 익스텐션도 엄청나게 유용해. 여러분의 웹 개발 속도를 매우매우 빠르게 해줄 수 있는 녀석들이니까 꼭 살펴보면 좋겠어!

🍪 익스텐션 5: React Developer Tools

여러분이 리액트 개발을 공부하고 싶다면? 리액트 디벨로퍼 툴(React Developer Tools) 익스텐션은 반드시 설치해야 해! 리액트를 공부해야 아는 개념이지만 state와 prop이 뭔지, 누가 prop을 보냈는지 등 리액트 관련 정보를 모두 볼 수 있게 해주는 도구야. 이 녀석은 디버깅할 때 매우매우매우 유용해!

리액트 개발에 필수인 React Developer Tools

지금까지 웹 개발자라면 꼭 알아야 하는 8가지 브라우저 익스텐션 중에 5가지를 소개했어. 이어서 나머지 3개도 유용하니까 잘 알아 두면 좋겠어.

🍪 익스텐션 6: WhatFont

왓폰트(WhatFont) 익스텐션은 이름만 봐도 알겠지? 웹 디자인에서 폰트는 중요한 요소이지. 여러분이 우연히 어떤 웹 사이트에서 마음에 드는 글자를 발견했다면 이 익스텐션을 이용해서 폰트 이름을 알아낼 수 있어. [마우스 오른쪽 클릭 → 검사 창 열기 → 폰트 찾기]와 같은 기존 검사 도구에서 뒤적이는 단계를 확 줄여 줘서 정말 편해.

🍪 익스텐션 7: Grid Ruler

그리드 룰러(Grid Ruler)는 웹 사이트에서 줄자를 사용할 수 있게 해주는 익스텐션이야. 요소 사이의 간격이나 상자의 크기 등을 재볼 수 있겠지? 그리드 열 작업을 할 때 아주 쓸모 있는 도구야. 마진 작업을 할 때에도 자주 쓰지. 클론 코딩에서도 정말 유용해.

🍪 익스텐션 8: BuiltWith Technology Profiler

빌트위드 테크놀로지 프로파일러(BuiltWith Technology Profiler)는 웹 사이트가 어떤 기술로 만들어졌는지 알려 주는 익스텐션이야. 예를 들어 인스타그램이 어떤 기술로 만들어졌는지 궁금하다면? 이 익스텐션을 사용하면 돼. 그러면 어떤 프레임워크를 사용했는지, 어떤 프로그래밍 언어를 사용했는지, 백엔드는 루비인지 장고인지 노드제이에스인지 전부 다 알려 줘. 여러분이 공부 목표로 하는 사이트가 있다면 이 녀석을 한번쯤 사용해 보는 것도 좋아.

마당 03

코딩별 안내서 — 컴퓨터 공학 편 ①

컴공과가 아니어도
알아야 하는 알짜 지식

여기서는 여러분이 프로그램을 개발하려면 알아야 하는 컴퓨터 공학 지식을 이야기할 거야. 컴퓨터 공학 지식은 대부분 우리 현실과 닮아 있어서 막상 읽어 보면 그렇게 어렵지 않을 거야. 겁먹지 말고 앞으로 나가자!

22 에피소드
자료구조와 알고리즘은 필수라고?

23 에피소드
배열이 뭐죠?

24 에피소드
알고리즘의 속도는 어떻게 표현할까?

25 에피소드
검색 알고리즘이 뭐죠?

26 에피소드
정렬 알고리즘이 뭐죠?

27 에피소드
스택, 큐가 뭐죠?

28 에피소드
해시 테이블이 뭐죠?

29 에피소드
개발자 필수 소양, 클린 코드!

30 에피소드
코로나가 준 레거시 시스템의 교훈

22
에피소드

자료구조와 알고리즘은 필수라고?

#자료구조 #알고리즘 #결국_무조건_배워야_함

컴퓨터 공부에 조금이라도 관심이 있다면 자료구조, 알고리즘을 들어 본 적이 있을 거야. 여러분 주변에서 누군가가 "회사 면접을 잘 보려면 이걸 알아야 해!"라고 알려 줬을 수도 있고 말이지. 그런데 이걸 왜 굳이 배워야 하는지 필요성을 말해 준 사람은 많지 않을 거야. 왜냐하면 자료구조나 알고리즘을 몰라도 앱이나 웹 페이지 만드는 데에는 문제가 없거든.

하지만 개발자가 되고 싶다면 결국에는 자료구조와 알고리즘을 공부하고, 자신의 코드에 적용할 수 있어야 해! 자료구조와 알고리즘을 공부하면 코드를 더 효율적으로 만들 수 있거든. 다만 코딩 공부를 시작할 때부터 자료구조와 알고리즘을 공부할 필요는 없다고 생각해. 초기에는 일단 코드를 실행하는 것을 목표로 삼는 것이 좋아. 그렇다면 자료구조와 알고리즘은 대체 언제 필요할까?

코드를 효율적으로 만들기 위해!

우선 개발자가 어떤 과정으로 작업하는지 살펴보자. 처음에는 프로그램이 돌아가는 수준으로 개발해. 코딩은 다 했고, 버그도 없어. 그다음 단계로 코드를 정리하지. 관리하기도, 협업하기도 편하도록! 효율적인 코드, 속도가 빠른 코드를 고민하게 돼. 이때 자료구조와 알고리즘이 필요해. 그럼 이 둘은 구체적으로 무엇일까?

알고리즘이란? 컴퓨터에게 내리는 지시 사항을 나열한 것

알고리즘은 대단한 게 아니니까 부담 갖지 마. 알고리즘은 컴퓨터에게 내리는 지시 사항을 나열한 거야. 일상생활에서 예를 찾아 쉽게 설명해 줄게. 학교를 다닌 경험이 있다면 모두 아침에 학교 갈 준비를 했을 거야. 그때 하는 행동이 바로 등교를 준비하기 위한 알고리즘이야.

등교 준비하기 알고리즘

① 이부자리에서 일어나기	④ 교복으로 갈아입기
② 가방 챙기기	⑤ 세수, 양치하기
③ 머리 정돈하기	⑥ 집 나서기

알고리즘이란 게 별거 아니지? 그런데 등교 준비하기 알고리즘 중에서도 효율성이 더 좋은 것도 있어. 그런 알고리즘을 사용하여 등교 준비를 하는 사람이라면? 다른 사람보다 빠르게 학교에 도착할 수 있을 거야! 즉, 등교 속도가 빨라질 거야. 이건 컴퓨터도 마찬가지야!

다양한 컴퓨터 알고리즘

실생활에서 알고리즘을 사용한 예로는 지도 앱을 들 수 있어. 모두 지도 앱을 쓰지? 네이버 지도나 구글 맵 같은 거 말야. 지도 앱에서 여러분에게 가장 필요한 핵심 기능은 뭘까? 바로 목적지까지 최대한 빨리 가는 방법을 알려 주는 거 겠지! 그 기능을 구현하기 위해 **패스파인더(pathfinder) 알고리즘**을 사용해.

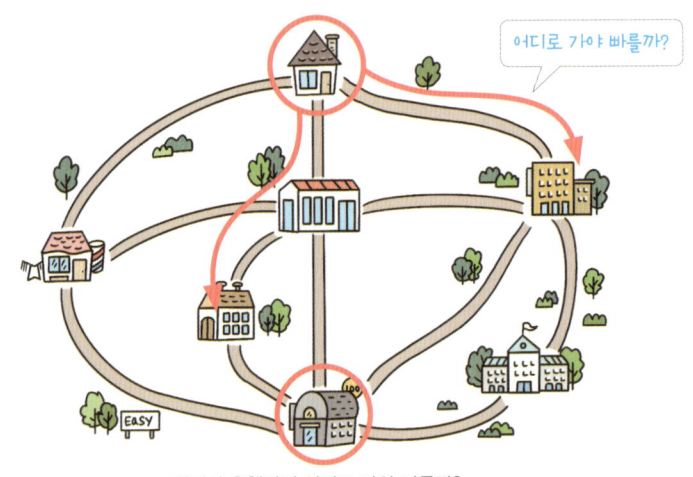

집에서 은행까지 어디로 가야 빠를까?

또 다른 예로 **압축(compression) 알고리즘**이라는 것도 있어. 이 알고리즘은 이미지를 최대한 덜 손상하면서도 용량을 효율적으로 줄일 수 있는 알고리즘이야. 흔히 보는 PNG, JPG 파일 있지? 모두 이미지 압축 알고리즘으로 만든 파일들이야.

데이터를 효율적으로 보관하고 찾기 위한 자료구조

우선 자료구조의 자료는 데이터야. 데이터는 우리 주변에 너무나도 많지? 나는 데이터가 원유(oil) 같은 존재라고 생각해. 왜냐고? 잘 생각해 봐. 요즘 가장 핫한 기술인 인공지능은 데이터가 엄청나게 필요해. 데이터가 없으면 아무것도 만들 수 없어. 그래서 개발자들은 데이터를 수집하기 위해 많은 일을 해. 무료 서비스도 그중 하나고 말야. '아무런 이득을 취하지 않는 것 같은데, 우리에게 이런 무료 서비스를 왜 제공하지?'라고 의문이 드는 사람이 많을 텐데, 사실 이런 무료 서비스들은 그 대가로 우리의 데이터를 수집해. 이런 이유로 데이터를 원유 같다고 말한 거야. 뭔가를 하려면 꼭 필요한 연료 같거든.

개발자라면 반드시 다루는 데이터, 그냥 보관할 수는 없어!

아무튼 인공지능뿐 아니라 어떤 프로젝트를 한다면 프로젝트의 크기와 상관없이 데이터를 다룰 거야. 만약 여러분이 프런트엔드 개발자라면 백엔드에서 내려받은 JSON(제이슨) 데이터로 그것을 보기 좋게 화면에 띄우는 역할을 할 거야.

그런데 데이터가 마구잡이로 보관되어 있다면 어떨까? 개발 효율을 크게 떨어뜨릴 거야. 예를 들어 택배 회사의 창고에 짐을 마구잡이로 쌓아 놓았다면 그 회사는 금방 망할 거야. **왜냐하면 고객의 물건을 찾는 데 시간이 엄청 오래 걸릴 테니까.** 이런 필요성 때문에 공부해야 하는 것이 바로 **자료구조야!**

짐이 마구잡이로 쌓여 있는 택배 회사 창고!
짐을 찾을 수 없다!

컴퓨터도 마찬가지야. 데이터를 보기 좋게 보관하는 것을 넘어서 찾기 좋게 제대로 보관해야 해. 어떤 자료구조를 사용하는지에 따라 프로그램 속도가 빨라지거나 느려지거든. 짐을 정리하는 방식에도 여러 가지가 있는 것처럼 말야.

짐을 정리하는 방식

- 선반 이용해서 정리하기
- 박스 이용해서 정리하기
- 서랍 이용해서 정리하기

자료구조에도 여러 가지 방식이 있어. 데이터를 작은 것부터 큰 순서로 정리하는 자료구조(데이터 크기 기준), 이름표를 붙여서 정리하는 자료구조(검색을 위한 인덱스 기준), 데이터가 들어오는 순서로 정리하는 자료구조(생성 시간 기준) 등 매우 다양해.

그렇다면 자료구조의 방식은 왜 이렇게 다양할까? 프로그램의 목적이 다양하기 때문이야. 어떤 프로그램은 검색을, 또 어떤 프로그램은 시간을 목적으로 할 수 있어. 만약 데이터 크기에 따른 데이터 사용을 목적으로 하는 프로그램이라면 데이터 크기 순서로 정리하는 자료구조를 쓰면 효율적일 거야. 자, 이제 자료구조와 알고리즘을 공부해야 하는 이유를 알았지?

23
에피소드

배열이 뭐죠?

#배열 #시간_복잡도 #메모리 #배열의_동작_원리

여기서는 프로그래밍 공부를 시작하면 가장 먼저 만나는 자료구조인 배열(array)을 살펴볼 거야. 그리고 배열의 특징을 이야기하려면 배열에서 자주 벌어지는 사건을 알아야 해. 바로 읽기(read), 검색(search), 추가(add), 삭제(delete) 과정에서의 시간 복잡도(time complexity) 말이야. 시간 복잡도는 자료구조, 알고리즘을 공부할 때 꼭 알아야 하는 개념이니까 이것부터 설명할게.

시간 복잡도는 작업 속도!

시간 복잡도는 프로그램의 작업 속도가 얼마나 빠른지 측정하는 방법이야. 예를 들어 배열에서 특정 값을 검색하는 시간, 특정 값을 특정 위치에 추가하는 시간 등등 이런 것 말이지! 그런데 시간 복잡도는 '준비-시-작!' 뭐 이런 식으로 실제 시간을 재지 않아. 그 대신 작업이 얼마나 많은 단계를 거치는지를 측정해. 예를 들어 어떤 작업을 하는데 어떤 코드는 5단계, 어떤 코드는 20단계가 필요하다면? 5단계만 필요한 코드의 작업 속도가 빠르다고 하는 거야. 다음은 메모리의 관점에서 배열이 어떻게 보이는지를 설명할게.

메모리 간단 설명

메모리 알지? 메모리는 컴퓨터의 기억 공간을 말해. 그런데 메모리 종류는 휘발성이라는 특징이 있느냐 없느냐로 휘발성 메모리, 비휘발성 메모리로 구분해. 휘발성은 어떤 물질이 공중으로 휙 사라져 버리는 성질이지? 그처럼 메모리도 컴퓨터 전원을 껐을 때 저장한 값이 휙 사라지는 녀석이야. 비휘발성은 그 반대겠지.

휘발성 메모리, 비휘발성 메모리

비휘발성 메모리는 컴퓨터의 하드 드라이브 같은 거야. 우리가 흔히 C, D라고 하는 녀석들! 데이터를 여기에 주로 보관하지? 왜냐하면 컴퓨터를 껐다가 다시 켜도 데이터가 남아 있으니까.

하드 드라이브의 모습

이어서 휘발성 메모리를 알아보자. **대표적인 휘발성 메모리로 램(RAM, random access memory)을 들 수 있어.** 컴퓨터를 끄면 램에 있는 데이터는 전부 휙 사라지지. 램에는 프로그램에 필요한 데이터가 저장돼.

휘발성 메모리를 대표하는 램

프로그램의 변수, 함수 이런 것들이 램에 저장되지. 한마디로 램이 있어서 프로그램을 실행할 수 있는 거야. 또, 램은 데이터가 저장된 위치와 상관없이 일정한 접근 속도를 보장해. 램은 데이터에 접근하는 속도가 매우 안정되고 빨라. 어떻게 그럴 수 있을까?

램이 속도가 빠른 이유?

비유를 들어서 쉽게 설명해 줄게. 램은 주소지가 적힌 박스가 많이 있는 창고라고 생각하면 돼. 그리고 박스에는 데이터를 1개씩 저장할 수 있고, 박스마다 주소가 각각 있는 거야. 그러면 박스에 보관된 데이터를 빠르게 찾을 수 있겠지!

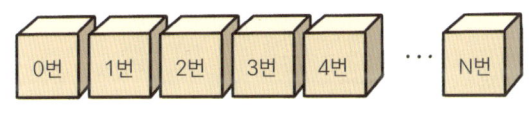

주소가 적힌 박스가 많이 있는 창고와 비슷한 램

이걸 램에 적용해서 설명하면, 램에게 "주소 4번 박스에 있는 데이터를 봐"라고 지시해서 해당 박스에 들어 있는 데이터를 보게 하는 거야. 만약 주소가 없다면 창고 입구 쪽의 박스부터 모두 뒤져야겠지? 램은 이런 원리로 동작해. 그래서 램의 속도가 빠르다고 하는 것이지.

램과 함께 생각하는 배열

자, 이제 램이 무엇인지 잘 이해했지? 그러면 램의 관점에서 배열은 어떤 모습을 하고 있을지 설명할 차례야. 배열을 만들 때는 배열의 길이를 컴퓨터에게 알려 줘야 해. 이렇게 말야.

"길이가 4인 배열을 램에 할당해 줘!"

이 명령을 박스 예시로 바꾸면 다음과 같아.

"박스 4개를 붙여서 창고에 자리 잡아 줘!"

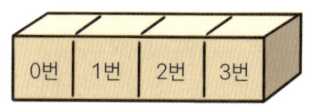

박스가 연이어 붙은 모양의 배열

즉, 램에는 박스 4개가 연이어 붙은 모양으로 배열 공간이 생겨. 그럼 이제 배열의 구체적인 특징을 알아보자.

특징 1. 배열을 읽는 방법과 속도

아까 배열은 박스를 연이어 붙인 모양이라고 했지? 그러면 맨 처음 박스 번호는 무엇일까? 1일까? 아니야. 배열은 0부터 숫자를 매겨. 그러니까 이걸 박스 버전으로 이야기하면 맨 처음 박스는 1번째 박스가 아니라 0번째 박스라고 해야 해. 배열은 이런 방식으로 위치를 지시해서 데이터를 읽을 수 있어. [파스타, 아이스크림, 피자, 감자] 데이터가 담겨 있는 배열에서 피자를 꺼내려면 어떻게 지시해야 할까?

"배열의 2번째 데이터를 줘!"

이렇게 해야 하는 거야. 여기서 배열의 3번째가 아니라 2번째라고 말한 이유는 컴퓨터가 0부터 숫자를 세기 때문이야. 그리고 배열에서 데이터를 찾는 속도는 매우 빨라! 애초에 몇 번째 데이터를 보라고 하기 때문이지. 즉, 1단계 알고리즘을 가졌기 때문이야. 앞에서 작업 속도는 단계를 적게 거칠수록 빠르다고 했지? 배열을 읽는 속도는 1단계이므로 굉장히 빨라! 그럼 배열에서 데이터를 검색하는 원리와 속도는 어떨까?

특징 2. 배열을 검색하는 원리와 속도

배열 검색은 당장 몇 번째 데이터를 가져오라고 지시하는 것과 달라. 아까는 "3번째 박스를 봐!"라고 했지?

그런데 이번 검색은 "피자를 찾아!"라고 하는 거야. 즉, 배열에서 검색과정은 박스를 모두 뒤

배열에서 피자를 찾으려면 모두 뒤져야 한다

지는 방법으로 진행돼. 박스를 모두 열어 보고 들어 있는 데이터를 확인하는 거지. 그래서 검색은 읽기보다 시간이 많이 필요해.

운 좋게 0번째 위치에 피자가 있다면 검색이 바로 끝나겠지만, 가장 마지막

위치에 있다면? 또는 처음부터 피자가 없었다면? 가장 오랫동안 검색하거나 모든 위치를 다 검색한 후에 피자가 없다고 할 거야. 아주 비효율적이겠지!

여기서는 데이터를 찾는 방식을 선형 검색(linear search)으로 한정했어. 사실 배열에서 검색하는 방식은 꽤 많아. 이건 나중에 알려 줄게. 일단 여기서는 배열에서 검색은 빠르지 않다고 알고 있으면 돼.

특징 3. 배열에 데이터를 삽입하는 원리와 속도

이번에는 배열에 데이터를 삽입하는 원리를 알려 줄게. 배열에서 데이터를 삽입하는 시나리오는 총 3개야. 이번 배열의 길이는 5인데 현재 꽉 찬 상태는 아니고 다음과 같이 아이템이 4개만 있다고 가정할게.

만약 이 상태에서 토마토를 추가하고 싶다면 여유 공간이 1칸 있으니 걱정할 필요가 없어. **배열에 데이터를 삽입하는 첫 번째 시나리오는 토마토를 맨 마지막에 추가하는 거야.** 왜냐하면 컴퓨터는 배열이 어디서 시작하는지, 배열의 길이는 얼마인지를 기억하고 있어서 배열의 시작점을 찾고 길이만큼 뒤로 가서(끝에) 토마토를 추가하면 되니까.

이제 두 번째 시나리오야. 만약 배열 중간에 토마토를 추가하려면 어떻게 해야 할까? 이를테면 감자 다음에 토마토를 넣고 싶은 거야. 그러면 일단 당근, 파를 뒤로 옮기는 작업을 해야 해.

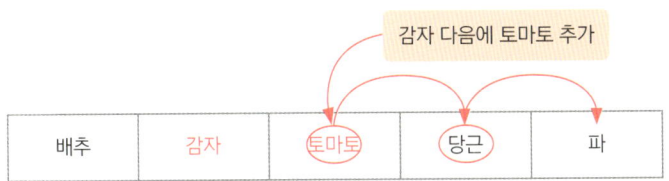

그러니까 데이터를 2개 옮겨야겠지? 최악일 때에는 맨 앞에 넣는 거야. 배추, 감자, 당근, 파를 다 옮겨야 하니까! 지금은 배열 길이가 고작 5니까 괜찮은데 100이라면 정말 많은 작업이 필요할 거야.

이제 마지막 시나리오! 이번에는 배열에 데이터가 꽉 차 있을 때야. 그러면 더 큰 배열을 새로 만들고, 이전 배열을 복사해서 옮긴 다음, 새 데이터를 추가해야 해. 새 배열 만들기 → 복사하기 → 추가하기, 딱 봐도 단계가 많지? 배열에 데이터를 추가하는 가장 느린 경우라고 할 수 있어. 이제는 배열에서 삭제를 알아보자.

특징 4. 배열에서 데이터를 삭제하는 원리와 속도

배열에서 데이터를 삭제하는 원리는 삽입하는 원리와 비슷해. 마지막 데이터 삭제하기가 가장 쉬워. 그리고 맨 앞에 있는 데이터 삭제하기가 가장 어렵지. 왜냐하면 배열은 맨 앞부터 차곡차곡 채워야 하거든. 그러니 중간 데이터를 삭제하면 뒤쪽 데이터를 다 끌어당겨야 해. 다음은 감자를 삭제하는 원리야.

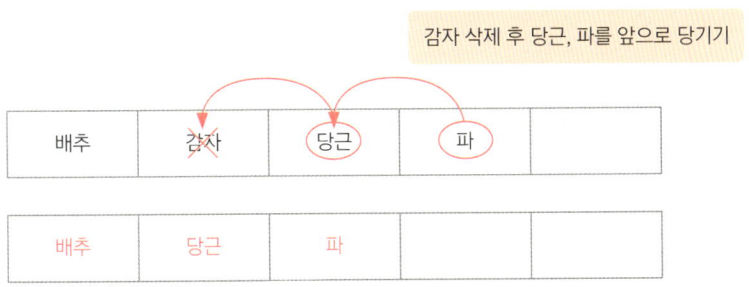

자, 지금까지 공부한 배열을 가볍게 정리해 보자. 어때? 배열 어렵지 않지?

배열의 원리

- 배열은 램에 줄줄이 이어진 형태로 공간을 차지하고 있다.
- 컴퓨터는 배열의 시작 주소와 길이를 알고 있다. 그래서 배열은 읽는 속도가 아주 빠르다.
- 배열은 맨 앞부터 차곡차곡 채워져 있어야 한다.
  그래서 배열은 삽입과 삭제가 느리다.

24 에피소드

알고리즘의 속도는 어떻게 표현할까?

#초시계로_재는_거_아님 #시간_복잡도 #빅_오_표기법

알고리즘 속도를 이야기할 때 시간 복잡도라는 것을 설명했던 것 기억하지? 그때는 그냥 '알고리즘의 속도는 수행 작업을 몇 단계로 하느냐로 결정한다' 정도만 설명했을 거야. 그래서 여기서는 시간 복잡도를 본격적으로 설명하려고 해. 시간 복잡도를 이야기할 때는 **알고리즘으로 작업을 완료할 때까지 걸리는 절차 수 N**을 이용해서 O(N), O(log N)과 같이 표현하는데, 이것을 빅 오(Big-O) 표기법이라고 하거든? 이 내용을 기억하면서 시간 복잡도를 자세히 알아보자.

알고리즘의 속도를 표현하는 방법은? Big-O!

앞에서 선형 검색 알고리즘을 설명했지? 선형 검색 알고리즘은 배열을 앞에서부터 하나씩 검색하고, 그래서 배열 크기가 커지면 검색 시간도 정비례로 커진다고 했어. 배열의 길이를 N이라고 하면 검색 횟수는 최대 N이 되는 거지. 그리고 이때 시간 복잡도는 O(N)과 같이 표현해. 왜 이렇게 표기하는지 궁금하지? "선형 검색 알고리즘은 배열의 길이가 N일 때 총 N번 검색하는 과정이 필요하다"라고 말하는 것보다 "선형 검색 알고리즘의 시간 복잡도는 O(N)이다"라고 말하는 게 더 간단하기 때문이야.

시간 복잡도를 표현하는 Big-O 표기법

앞에서 말한 시간 복잡도를 표기하는 방법을 Big-O 표기법이라고 해. 이 표기법은 단지 설명을 간단하게 만들어 줄 뿐 아니라 알고리즘 분석을 빠르게 할 수 있게 해줘. 예를 들어 여러분이 알고리즘을 선택하기 전에 Big-O 표기법을 보고 어떤 알고리즘을 사용할지 파악할 수도 있지. 그럼 실제로 코드를 보면서 Big-O 표기법을 말해 볼까? 코드를 잘 모르는 사람은 Big-O 표기법을 사용하는 방식이 더 중요하니까 거기에 집중해서 보면 돼.

> 배열 arr의 첫 번째 데이터를 출력하는 코드
> ```
> def print_first(arr):
>     print(arr[0])
> ```

여기 배열 arr을 받아 첫 번째 데이터를 출력하는 `print_first`라는 함수가 있어. 코드는 중요하지 않아. **여기서 집중할 내용은, 배열의 길이와 상관없이 이 함수는 딱 한 번 실행하고 끝날 거라는 거야.** 왜냐하면 첫 번째 데이터만 출력하는 함수니까! 배열의 길이가 10이라도, 100이라도 이 함수는 단 한 번 실행하지. 그래서 이 함수의 시간 복잡도는 O(1)이야. 그리고 이걸 '상수 시간(constant time) 내에 실행된다'라고 이야기하기도 해. 상수 시간이란 이미 실행 횟수가 고정으로 정해진 것을 말해. 아까 예로 들었던 함수를 살짝 고쳐서 2번만 실행하도록 바꿔 볼까?

배열 arr의 첫 번째 데이터를 2번 출력하는 코드

```
def print_first(arr):
    print(arr[0])
    print(arr[0])
```

코드에서 달라진 점은 그냥 배열의 첫 번째 데이터를 2번 출력한다는 거야. 그러면 '이 작업을 수행하려면 단계가 2번 필요할 것이고, 시간 복잡도를 O(2)이라고 쓰면 될 것 같다'라고 생각하는 사람이 많을 거야. 하지만 Big-O는 그렇게 생각하지 않아! Big-O는 이 경우에도 O(1)이라고 표현해. **왜냐하면 Big-O는 실행 단계에 영향을 주는 요소만 보기 때문이야.** 쉽게 말해서 Big-O로서 저 함수는 배열 길이와 상관없이 늘 실행 횟수가 같으니까, 그래서 같다는 의미로 1을 사용하는 거야.

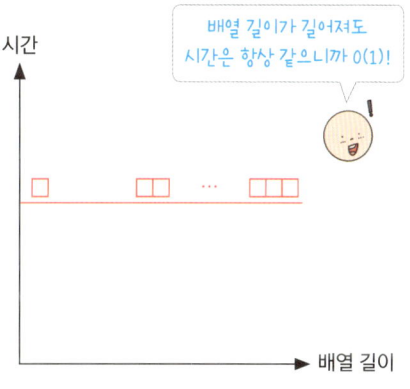

배열 길이가 길어져도
검색 시간이 확 커지지 않는 이진 검색

이제 다른 예를 보자. 이번에는 배열의 모든 데이터를 출력하는 함수야.

배열 arr의 모든 데이터를 출력하는 코드

```
def print_all(arr):
    for n in arr:
        print(n)
```

이번에는 arr의 모든 데이터를 출력해. 즉, 이 코드는 배열의 길이에 따라 실행 시간이 달라져. 배열 길이가 10이면 10번을, 100이면 100번을 출력하겠지. 그래서 이럴 때 시간 복잡도는 O(N)이야.

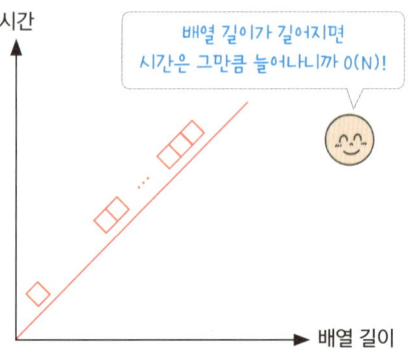

또 다른 시간 복잡도로 이차 시간(quadratic time)이 있어. 이차 시간은 중첩 반복문이 있을 때 발생해. 코드를 또 수정해 보자.

배열 arr의 모든 데이터를 중첩 반복문으로 출력하는 코드

```
def print_twice(arr):
    for n in arr:
        for x in arr:
            print(x, n)
```

코드를 읽을 줄 모르는 사람을 위해 그림을 하나 첨부했어.

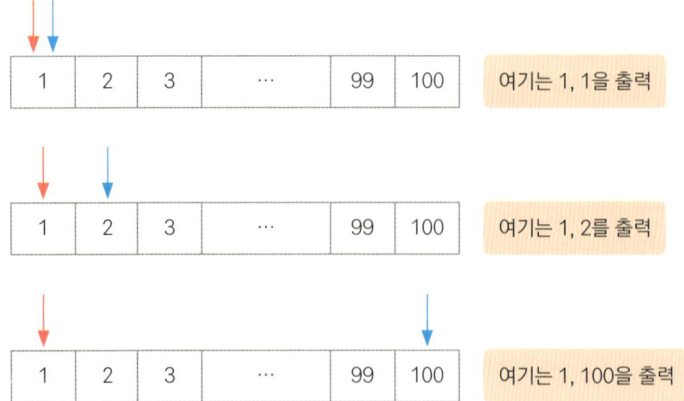

그림에 빨간 화살표, 파란 화살표가 보이지? 빨간 화살표는 그대로 두고 파란 화살표를 이동하면서 배열의 데이터를 출력하는 거야. 파란 화살표가 끝까지 가면 빨간 화살표를 다시 2로 옮기고 파란 화살표를 1부터 100까지 출력하고. 이 그림은 배열 길이가 100이니까 작업은 총 10,000번 단계가 필요하겠네! 즉, 배열 길이가 길어질수록 작업 속도는 제곱배로 느려져. 그리고 이걸 Big-O로 나타내면 $O(N^2)$이야. 제곱배(N * N)를 그대로 표현한 거지.

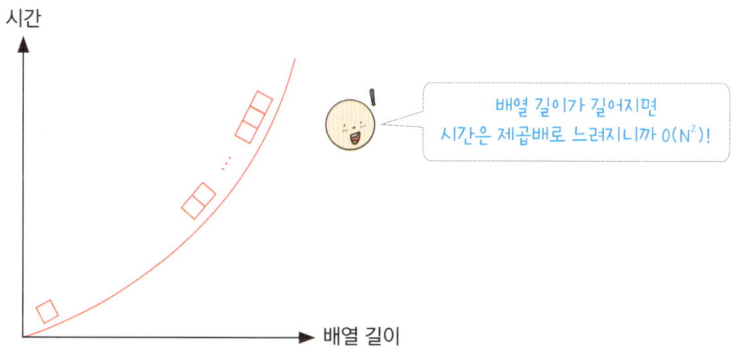

이렇게 그래프와 함께 알고리즘 속도를 표현하는 방식을 보면 어때? 수학 시간에 배웠던 것들이 떠오르지? Big-O 표기법은 여러분이 개발자가 될 거라면 꼭 알아야 할 중요한 개념이야. Big-O 표기법의 기본은 알았을 테니 나머지 내용은 스스로 공부해 봐!

에피소드 25

검색 알고리즘이 뭐죠?

#검색_방식은_매우_다양 #선형_검색 #이진_검색

이번에는 배열 안에 있는 숫자를 찾는 과정을 통해 검색 알고리즘이 무엇인지 알아보는 시간을 가져 볼게. 이번 공부를 하면 어떤 알고리즘을 선택했는지에 따라 작업 속도에 엄청난 차이가 생긴다는 걸 알게 될 거야. 여기서 비교할 알고리즘은 선형 검색(linear search)과 이진 검색(binary search)이야. 둘 다 검색 관련 작업을 수행하지.

선형 검색 알고리즘 알아보기

선형 검색 알고리즘은 가장 자연스러운 검색 방법이라고 할 수 있어. 숫자가 10개 있는 배열에서 7이라는 숫자를 찾는다면?

1, 2, 3, 4, 5, 6, **7**, 8, 9 *찾았다!*

우리는 맨 처음 배열부터 검색을 시작하겠지? 그러면서 배열의 데이터가 7이 맞는지 확인할 거야. 이럴 때 최악의 시나리오는? 찾는 데이터가 가장 마지막에 있는 거야. 그리고 배열의 길이가 길어지면 검색 시간도 길어지겠지? 그래프로 표현하면 y = x의 형태를 보여.

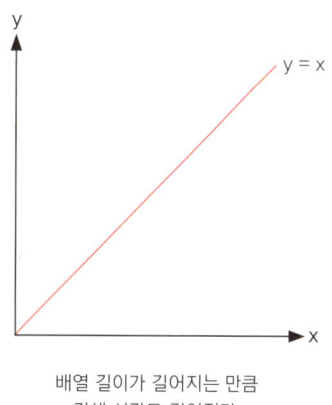

배열 길이가 길어지는 만큼
검색 시간도 길어진다.

그럼 이진 검색 알고리즘으로 넘어가 보자.

이진 검색 알고리즘 알아보기

배열의 크기가 클 때 선형 검색보다 훨씬 좋은 알고리즘이 바로 이진 검색이야. 다만 이진 검색 알고리즘은 데이터의 정렬이 끝난 배열에서만 사용할 수 있어. 이렇게 특정 알고리즘은 특정 자료구조에서만 사용할 수 있어. 이진 검색 알고리즘이 바로 그런 알고리즘이지. 정렬이 끝난 배열이 무엇이냐 하면 말 그대로 데이터가 순서대로 정렬된 상태를 말해. 1, 5, 3, 2, 4와 같이 뒤죽박죽이 아니라 1, 2, 3, 4, 5 또는 5, 4, 3, 2, 1 이렇게 보기 좋게 정렬된 배열! 이 상태에서 이진 검색을 수행해야 해.

자, 그럼 우리에게 1부터 10까지 정렬된 배열이 있다고 가정하자. 그리고 여기서 9를 찾을 거야. 이진 검색은 어떻게 검색할까?

중앙값을 기준으로 왼쪽, 오른쪽 점프 점프!

이진 검색은 배열의 중앙에서 검색을 시작해. 그리고 그 숫자가 우리가 찾으려는 9보다 큰지 또는 작은지 확인해. 찾으려는 숫자보다 중앙값이 작으면? 중앙값 기준으로 왼쪽 배열의 숫자는 볼 필요가 없겠지? 왜냐하면 1~10 순서로 배열이 정렬되어 있으니까. 예를 들어 지금 중앙값은 5이므로 왼쪽의 1, 2, 3, 4는 자연스럽게 볼 필요가 없는 숫자가 돼.

> 중앙값은 5이므로
> 6, 7, 8, 9 중에 있겠군!

1, 2, 3, 4, **5**, 6, 7, 8, 9

이제 우리는 6~9에서만 탐색을 시작할 거야. 다시 중앙값을 정하고, 찾으려는 숫자와 중앙값을 비교하겠지. 계속 이 방식으로 해서 중앙값을 기준으로 점프를 하는 거야. 그리고 이렇게 하면 3번 만에 9를 찾을 수 있지!

1, 2, 3, 4, **5**, 6, 7, 8, 9   [시도 1] 중앙값 5, 왼쪽은 모두 후보에서 제외

1, 2, 3, 4, 5, 6, **7**, 8, 9   [시도 2] 중앙값 7, 왼쪽은 모두 후보에서 제외

1, 2, 3, 4, 5, 6, 7, **8**, 9   [시도 3] 중앙값 8, 왼쪽은 모두 후보에서 제외

선형 검색으로 9를 찾는다면 탐색은 모두 9번을 시도했을 거야. 3번 만에 9를 찾은 이진 검색이 더 빠르지? 만약 배열의 크기가 2배로 커지면 탐색 속도의 차이는 더 크게 느껴질 거야! 1~20으로 정렬된 배열에서 13을 찾는다면 이진 검색은 4번 만에 성공할 수 있지. 이진 검색에서 속도가 빠른 이유는 단계마다 배열의 절반을 제외할 수 있기 때문이야.

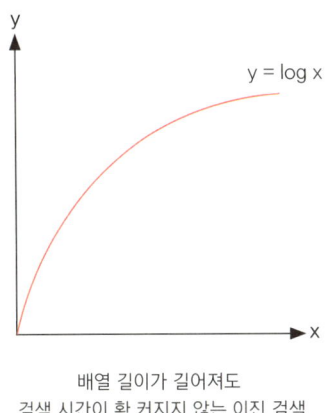

배열 길이가 길어져도
검색 시간이 확 커지지 않는 이진 검색

이진 검색에서 배열 길이와 검색 시간은 위에서 보듯 $y = \log x$의 그래프 형태를 보여. 쉽게 말해 데이터가 아무리 많아진다고 해도 검색 시간은 데이터에 비해 그렇게 많이 필요하지 않다는 거지. 그래서 이진 검색은 데이터가 많을 때 빛을 발휘해. 물론 데이터를 정렬한 상태로 관리해야 한다는 부담도 있지만 말야! 그래서 이진 검색을 정리하면 다음과 같아.

이진 검색 정리

- 이진 검색 알고리즘은 거대한 배열을 다룰 때 효과적이다.
- 이진 검색 알고리즘을 사용하고 싶다면 배열은 항상 정렬되어 있어야 한다.

26
에피소드

정렬 알고리즘이 뭐죠?

#버블_정렬 #선택_정렬 #삽입_정렬

이번에는 정렬(sorting) 알고리즘을 이야기할 거야. 정렬의 뜻은 다 알지? 말 그대로 데이터를 1, 2, 3, 4 또는 4, 3, 2, 1처럼 순서 있게 정리하는 것을 정렬이라고 해. 여기서 시간 복잡도는 같으면서 성능은 다른 정렬 알고리즘 3가지를 이야기할 텐데, 알고리즘을 좀 더 깊이 생각해 볼 수 있는 기회가 될 거라고 생각해. 한번 같이 알아보자!

실생활에서 가장 상상하기 쉬운 정렬 알고리즘 3가지!

먼저 초보자가 가장 상상하기 쉬운 버블 정렬부터 알아보자.

왼쪽, 오른쪽만 보면서 정렬하는 버블 정렬

사실 버블 정렬(bubble sort)은 썩 좋은 알고리즘이라고 할 수 없어. 실제로 많이 사용하지도 않지. 하지만 정렬을 공부할 때는 가장 이해하기 쉬운 녀석이야. 그러니 버블 정렬로 정렬 알고리즘 이해를 시작해 보자. 자, 다음과 같은 배열이 있고, 1~9로 오름차순으로 정렬해야 하는 상황을 가정해 보자.

> 8, 1만 비교하여 정렬

8, 1, 2, 6, 3, 4, 9, 5, 7 → 1, 8, 2, 6, 3, 4, 9, 5, 7

1, 8, 2, 6, 3, 4, 9, 5, 7 → 1, 2, 8, 6, 3, 4, 9, 5, 7

1, 2, 8, 6, 3, 4, 9, 5, 7 → 1, 2, 6, 8, 3, 4, 9, 5, 7

이처럼 버블 정렬은 2칸짜리 창문을 놓고 오른쪽으로 1칸씩 밀면서 왼쪽과 오른쪽을 비교하는 방식으로 정렬해. 우리는 오름차순으로 정렬할 거니까 왼쪽이 크면 오른쪽과 자리를 바꾸겠지. 이런 작업을 **한 사이클**이라고 해. 이렇게 한 사이클이 진행되면 가장 큰 수인 9가 마지막 자리에 위치할 거야. 궁금하면 직접 손으로 해봐.

> 정렬 완료!

1, 2, 6, 3, 4, 8, 5, 7, 9

그럼 두 번째 사이클은 마지막 위치를 제외해서 진행할 수 있을 거야. 세 번째 사이클은 맨 끝의 2개 위치를 제외해서 진행할 수 있겠지.

1, 2, 6, 3, 4, 8, 5, 7, 9 — 마지막 위치에서 1개를 제외하고 작업 진행

1, 2, 3, 4, 6, 5, 7, 8, 9 — 마지막 위치에서 2개를 제외하고 작업 진행

그리고 이 과정을 끝까지 진행하면 결국 숫자가 1~9로 정렬돼. 그렇다면 버블 정렬의 시간 복잡도는 어떻게 될까? 비교 횟수, 교환 횟수 등을 고려하면 결국 $O(N^2)$이야. 아쉽게도 시간 복잡도가 $O(N^2)$인 알고리즘은 좋은 알고리즘이라고 하지 않아. 그래서 버블 정렬은 잘 안 쓴다고 했던 거야.

▶ 버블 정렬의 시간 복잡도 계산 과정은 지면 부족으로 생략했어. 만약 궁금하다면 인터넷에서 '버블 정렬'을 검색해서 계산하는 과정을 한번 살펴봐.

하나를 콕 집어 가며 정렬하는 선택 정렬

이번엔 선택 정렬(selection sort)을 알아보자. 다음 배열이 있다고 가정해 보자. 선택 정렬은 전체 데이터 중에서 **가장 작은 데이터 또는 가장 큰 데이터의 위치를 따로 기억하는 방식**으로 작업을 진행해.

여기부터 탐색 시작!

8, 6, 2, 1, 3, 4, 9, 5, 7   현재 가장 작은 숫자는?
                              0번째 위치 숫자 8

이번 예에서는 맨 처음에 있는 숫자 8부터 시작하고, 가장 작은 데이터가 있는 위치는 처음에는 없으니까 우선 0을 보관해. 그다음에는 6을 보겠지? 6과 0번째 위치의 데이터 8을 비교하면 6이 더 작으니까 위치 1을 저장해. 이런 방식으로 화살표를 0번째부터 9번째까지 쭉 이동시키면 가장 작은 데이터인 1의 위치 3이 저장될 거야.

▶ 배열에서는 첫 번째 위치가 0인 거 기억하지?

8, 6, 2, 1, 3, 4, 9, 5, 7   현재 가장 작은 숫자는?
                              3번째 위치 숫자 1

그러면 우리는 이제 배열에서 가장 작은 숫자가 어디에 있는지 알아. 그리고 이 숫자가 저장될 위치는? 0번째야. 그럼 3번째 위치랑 데이터만 교환하면 되겠지? 이렇게 한 사이클이 진행돼. 다음 사이클은 어떻게 될까?

교환

8, 6, 2, 1, 3, 4, 9, 5, 7 → 1, 6, 2, 8, 3, 4, 9, 5, 7

다음 사이클에서는 0번째 위치는 신경 쓸 필요가 없어. 1번째 위치부터 사이클을 시작하면 돼. 1번째 위치 이후 가장 작은 수인 2의 위치를 찾고 1번째 위치랑 교환하는 거지.

6부터 탐색 시작!
교환

1, 6, 2, 8, 3, 4, 9, 5, 7 → 1, 2, 6, 8, 3, 4, 9, 5, 7

그럼 선택 정렬의 시간 복잡도는 어떨까? $O(N^2)$이야. 하지만! 버블 정렬보다는 훨씬 효율적이야. 왜냐하면 자리를 바꾸는 연산은 사이클당 1번씩만 하거든.

앞에 있는 데이터를 보면서 배치하는 삽입 정렬

이번에는 삽입 정렬(insertion sort)이야. 다음 배열이 있다고 생각해 보자. 삽입 정렬은 앞에 있는 데이터를 보면서 배치하는 특징이 있어. 이해하기 조금 어려울 테니 일단 사이클 하나를 보면서 설명해 줄게.

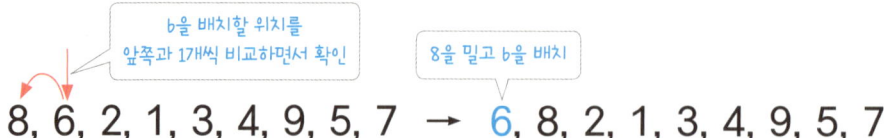

8, 6, 2, 1, 3, 4, 9, 5, 7 → 6, 8, 2, 1, 3, 4, 9, 5, 7

이 녀석은 앞에 있는 데이터를 보면서 정렬하니까 1번째 데이터부터 비교를 시작해. 지금 사이클에서는 6과 앞쪽의 8을 비교해. 6은 8보다 작으니까 8 앞쪽으로 6을 밀어 넣어. **포인트는 교환이 아니라 밀어 넣는다는 거야.** 밀어 넣기 작업이 끝나면 이 사이클은 끝! 그다음 사이클로 넘어가. 그다음 사이클은 2번째 데이터부터 비교를 시작해.

6, 8, 2, 1, 3, 4, 9, 5, 7 → 2, 6, 8, 1, 3, 4, 9, 5, 7

2번째 데이터는 2네. 앞의 8과 비교해서 작으니 밀어 넣고, 다시 또 그 앞의 6과 비교해서 작으니 밀어 넣어. 이런 식으로 사이클마다 데이터 1개를 앞쪽으로 밀어 넣기 작업을 하는 거야. 사이클 2개만 더 보여 줄게. 아마 쉽게 이해할 수 있을 거야.

2, 6, 8, 1, 3, 4, 9, 5, 7 → 1, 2, 6, 8, 3, 4, 9, 5, 7

1, 2, 6, 8, 3, 4, 9, 5, 7 → 1, 2, 3, 6, 8, 4, 9, 5, 7

나머지 과정은 여러분이 직접 해봐. 그러면 결국 1~9로 정렬된 배열을 볼 수 있을 거야. 삽입 정렬은 선택 정렬, 버블 정렬보다 빨라. 그런데 시간 복잡도는 $O(N^2)$이야. 이상하지!? 이쯤 되면 슬슬 Big-O 표기법에 의심이 가기 시작할 거야. 이제 그 이유를 설명해 줄게.

시간 복잡도는 같은데 왜 속도 차이가 날까?

앞에서 버블 정렬, 선택 정렬, 삽입 정렬을 살펴봤어. 이 녀석들의 시간 복잡도는 모두 $O(N^2)$으로 같지만 속도 차이는 난다고 했지. 어디에 모순이 있는 걸까? 그렇지 않아. **시간 복잡도가 같다고 한 것은 시간 복잡도를 단순히 측정했을 때 그렇다는 뜻이었어.** 하지만 알고리즘은 초기 데이터 상태에 따라 처리 속도가 달라진다는 특징도 있어. 그래서 기계적으로 측정한 시간 복잡도는 같아도 평균적으로 빠른 알고리즘은 있을 수 있다는 거야.

지금까지 정렬 알고리즘 3개를 놓고 이런저런 내용을 알아봤어. 정렬은 개발자에게 정말 중요한 주제야. 하지만 달달달 암기할 필요는 없어! 중요한 건 콘셉트를 이해하는 거야. 정렬에는 어떤 작업이 필요하고, 시간 복잡도는 상황에 따라 다를 수도 있다는 이런 콘셉트! 구체적인 정렬 작업은 검색으로도 충분히 해결할 수 있으니까 달달달 외우는 사람은 없기를 바랄게!

IT 쿠키 상식 | 개발자의 책상 위 필수 아이템

이번에는 조금 쉬어 가는 내용을 이야기하고자 해. 바로바로 내 책상에 있는 필수 아이템을 소개하고 싶어. 개발자라면 누구나 자신만의 책상을 꾸미는데, 이런 걸 살펴보면 재미있거든. 앞으로 개발자가 된 자신의 모습을 상상해 보기도 좋고 말야. 글로 하는 오피스 투어랄까?

컴퓨터, 키보드, 책상, 의자

내가 일하는 방에 들어가면 의자가 있어. 그리고 가장 중요한 아이템은 컴퓨터! 나는 맥북 프로를 사용해. 개발자를 위한 최적의 기계는 맥북 프로라고 생각해. 왜냐하면 맥북 프로에서는 여러 게임을 실행할 수 없거든! 그래서 더 효율적으로 일할 수 있어. 그리고 가격이

매우매우 사악해서(?) 맥북 프로를 구매하면 본전을 뽑겠다는 생각으로 더 열심히 코딩하게 되더라고. 하하 재밌지?

그다음은 키보드야. 나는 기계식 키보드를 사용하는데, 많은 개발자들이 키보드에 엄청 신경 써. 얼마나 신경을 쓰냐면… 키보드를 누를 때의 소리, 감촉 등 아주 세세한 부분까지 신경을 쓰지. 그런데 내가 기계식 키보드를 산 이유는 이런 세부 내용보다는 맥북 프로를

산 것과 같아. 기계식 키보드는 보통 10만 원이 넘거든? 그러니 코딩을 열심히 해야겠다는 생각이 자연스럽게 들지!

🎬 모니터, 캠

그리고 모니터! 나는 커다란 화면이 필요해서 이 모니터를 구매했어. 구매할 당시 가장 크기가 컸지. 실제로 많은 개발자가 '큰 모니터가 생산성을 높여 준다'고 입을 모아 말해. 왜냐하면 코드가 한 화면에 많이 보이니까! 16인치 크기의 맥북 프로 화면은 확실히 답

답하거든. 그리고 모니터에는 모니터 암이라는 것을 연결했어. 원래 모니터에는 세우는 목이 있잖아? 그런데 모니터 암은 이것보다 기능이 더 좋아. 높이는 물론 위치를 자유자재로 조정할 수 있어서 매우 편해. 개발자는 화면을 오래 보니까 목을 다치기 쉽거든. 거북목 되기 가장 쉬운 직업이라고 생각해. 그럴 때 모니터 암을 사면 매우 도움이 될 거야. 약간 위를 쳐다보면서 일하니까 좋더라고.

그리고 모니터 위에는 강의를 촬영할 때 사용하는 캠이 하나 있어. 강의라고 하니까 나만 사용할 것 같은데 재택근무자에게 캠은 필수야. 화상 미팅을 할 때 엄청 유용하지! 노트북의 캠도 화상 미팅을 할 때 좋긴 하지만 캠의 위치를 조금 더 자유롭게 하고 싶다면, 화질이

좀 더 좋은 화면을 제공하고 싶다면 캠을 하나 구매해도 좋아.

🎞 노트, 스탠딩 데스크

그리고 나만의 가장 중요한 아이템도 있어. 바로 종이로 된 노트야. 나는 늘 노트를 책상 한켠에 놓고 써. 물론 노트를 대신하는 애플리케이션이 정말 많은데, 나는 종이 노트가 좋더라고.

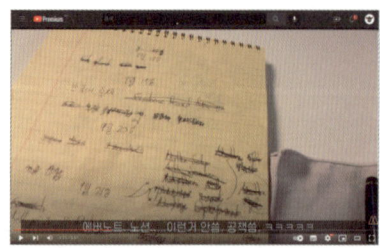

노트를 쓰는 방법은 그냥 해야 할 일을 쭉 적는 거야. 그리고 일이 끝나면 줄을 쳐서 지워. 모든 일이 끝나면 종이를 뜯어서 버리는 거지! 애플리케이션은 이렇게 사용하긴 힘들어서 난 종이 노트를 추천해.

그리고 스탠딩 데스크야! 이건 정말 강추하고 싶은 도구야. 스탠딩 데스크는 높이를 조절하는 책상을 말하는데, 개발자의 허리와 목을 지켜 주는 최고의 아이템이라고 생각해.

이렇게 내 책상에 있는 아이템들을 소개해 봤어. 여러분의 책상은 어때? 사실 내가 책상을 공개한 이유는 개발자의 책상이 꼭 대단할 필요가 없다는 걸 알려 주고 싶어서야. 가끔 모니터는 무조건 3개여야 하고, 아주 값비싼 키보드가 있어야 한다고 생각하는 사람이 있는데 그렇지 않아. 필요한 물건이 있으면 되는 거지!

마지막으로 여러분이 책상보다 더 소중하게 여겨야 할 것은 건강이야. 내가 산 물건도 대부분 건강에 도움이 되는 것들이지. 물건도 물건이지만 여러분의 건강이 가장 소중하다는 거 잊지 마!

에피소드 27

스택, 큐가 뭐죠?

#팬케이크_원리 #스택 #버스_정류장_원리 #큐

이번에는 큐(queue)와 스택(stack)이라는 자료구조를 공부할 거야. 자료구조 개념은 이미 설명했으니까 넘어가고, 바로 큐와 스택을 자세히 설명할게.

규칙 개념의 자료구조

사실 큐나 스택은 배열처럼 실제로 존재하는 개념이 아니야. 개발자의 상상 속 개념이지. 이게 무슨 말이냐면, 큐나 스택은 문법으로 구현된 녀석이 아니야. 예를 들어 배열은 자료구조이지만 문법으로도 사용할 수 있게 되어 있어. 다음처럼 말야. 문법을 자세히 알 필요는 없어. 이렇게 배열을 위한 문법이 있다는 것만 이해하면 돼.

```
nico_array = ["사과", "배", "김치"]
```

하지만 큐나 스택은? 이런 문법이 따로 없지. 왜냐하면 큐나 스택은 기존 프로그래밍 언어의 문법으로 데이터를 저장할 때 어떤 규칙만 부여하기만 하면 되기 때문이야. 이를테면 배열에 큐의 규칙을 부여하면 그 배열은 큐라고 할 수 있는 거지. 이런 개념을 추상 자료구조(abstract data type, ADT)라고 해.

팬케이크로 생각해 보는 스택

규칙, 행동 양식이라는 표현이 생소해서 받아들이기 힘들 수 있는데 별거 아니야. 잘 들어 봐. 스택이나 큐라는 녀석은 결국 배열에 어떤 규칙을 합친 거랬지? 스택이 따라야 하는 규칙은 이거야. 팬케이크 쌓기 규칙! 팬케이크를 차곡차곡 쌓는다고 생각해 보자. 그러면 최근에 구운 뜨끈뜨끈한 녀석이 맨 위에 있겠지? 그리고 먹을 때는? 맨 위에 있는 녀석부터 먹을 거야.

스택도 마찬가지야. 배열이 수직으로 쌓여 있다고 생각하고 맨 위를 정하는 거지. 그래서 값을 추가하거나 삭제할 때 맨 위라고 정해 놓은 부분에서만 그 작업을 해야 해. 데이터를 중간에서 빼거나 할 수 없어. 그러니 스택의 규칙은 다음과 같이 정리할 수 있겠네.

팬케이크는 맨 위에 있는 것부터 먹는다! 배열에 스택을 구현할 때도 마찬가지!

스택의 규칙

- **규칙 1**: 위에서 데이터를 쌓는다.
- **규칙 2**: 위에서부터 데이터를 뺀다.

이 방식을 LIFO라고 해. LIFO는 last in, first out의 줄임말이야. 한글로 해석하면 '마지막에 들어간 녀석이 처음으로 나온다'라는 뜻이지. 마지막에 구운 팬케이크를 먼저 먹는 것처럼! 그래서 실제로 스택은 뭘로 구현해도 상관이 없어. 단지 앞에서 소개한 규칙만 지키면 돼.

버스 정류장으로 생각해 보는 큐

큐는 스택보다 쉬워. 버스 정류장에서 줄 서는 것 해봤지? 가장 먼저 줄 선 사람이 버스에 먼저 타잖아?

큐도 똑같아. 먼저 들어온 데이터가 먼저 빠져나갈 수 있어. 즉, 다음 규칙만 지키면 돼.

맨 앞에 줄을 선 사람이 버스를 먼저 탄다.
배열에 큐를 구현할 때도 마찬가지!

큐의 규칙

- 규칙 1: 위로 데이터를 쌓는다.
- 규칙 2: 아래에서부터 데이터를 뺀다.

상식적이야! 가장 오랫동안 기다린 사람이 가장 먼저 타는 거! 이게 바로 큐야. 실제로 Queue up이라는 영어 표현이 있거든? 이 표현을 한글로 해석하면 '줄을 서다'라는 뜻이고, 이것을 FIFO(first in, first out!)라고 해. 편의점에서 아르바이트해 본 사람은 선입선출이라는 말 알지? 이 선입선출이 FIFO야. 큐 역시 스택과 마찬가지로 뭘로 구현해도 상관 없어. 여기선 배열을 예로 들었을 뿐이야. 규칙만 지키면 돼.

스택, 큐는 대체 언제 사용할까?

그럼 정말 중요한 질문 하나 할게. 스택과 큐의 개념은 이제 알았는데, 대체 언제 사용할까? 팬케이크나 버스 정류장 말고 실제 예를 들어서 설명해 줄게.

웹 브라우저의 뒤로 가기 버튼은 스택이다

웹 브라우저에서 뒤로 가기 버튼 써봤지? 이게 스택으로 구현한 거야. 만약 페이지를 A, B, C 순서로 방문했을 때 뒤로 가기 버튼을 누른다는 건 C를 빼고 B로 간다는 뜻이잖아. 그러니까 맨 마지막에 방문한 녀석을 빼는 규칙이 있는 스택으로 구현하는 거야.

되돌리기 단축키도 스택이다

되돌리기 단축키 Ctrl + Z 도 많이 쓰지? 이 녀석도 스택이야. 왜냐하면 되돌리려는 것도 가장 마지막 상황이니까. 마지막 실행 기록을 빼서 없애 버리는 거지! 그래서 이것도 스택으로 구현해.

쇼핑몰 주문 처리 시스템은 큐다

큐는 쇼핑몰에서 주문을 처리하는 방식을 구현할 때 쓰면 좋아. 주문이 들어온 순서대로 데이터를 쌓고, 가장 먼저 온 주문부터 처리하는 거지.

이제 큐, 스택 개념이 헷갈리지 않지? 정말 이해하기 쉽고 유용한 녀석들이야. 실생활에서 어떤 것이 큐인지 스택인지 구분해 보는 연습도 해봐. 꽤 재미있어. 큐와 스택은 정말 다양한 곳에서 많이 쓰는 녀석들이니까 이번 기회에 정리해 두자!

28

에피소드

해시 테이블이 뭐죠?

#검색_빠름 #해시_함수 #해시_충돌

개발자가 가장 많이 하는 고민은 '**어떻게 하면 프로그램의 속도를 더 빠르게 만들 수 있을까**'야. 그리고 여러 번 얘기했지만 그럴 때는 자료구조와 알고리즘을 공부하면 도움이 돼. 이번에는 해시 테이블을 설명해 줄게. 이 녀석을 통해 프로그램을 어떻게 더 빠르게 만들 수 있는지 알아볼 거야.

해시 테이블 콘셉트 이해하기

해시 테이블은 키와 값을 짝지어 모은 것인데, 이를 통해 우리가 데이터를 더 쉽게 정리할 수 있게 해줘. 만약 여러분이 카페 사장이고, 카페 메뉴를 컴퓨터에 저장한다면 어떻게 해야 할까? 다음처럼 배열로 저장했다고 해보자.

▶ 해시 테이블은 사전에 비유할 수 있어. 키는 사전에서 단어를, 값은 단어의 뜻을 말해.

```
menu = [
  { name: "아메리카노", price: 10 },
  { name: "라떼", price: 12 },
  { name: "카모마일차", price : 15 },
  { name: "케이크", price : 45 },
];
```

배열을 모두 검색하면서 라떼를 찾음!

이 상태에서 라떼의 가격이 얼마인지 알고 싶다면? 배열의 데이터를 처음부터 모두 확인(선형 검색)해야 할 거야. 하지만 이 방법은 시간이 오래 걸려. 이럴 때 해시 테이블이 등장하는 거지! 해시 테이블을 이용하면 라떼 가격을 선형 검색할 때보다 빠르게 알아낼 수 있어. 이건 해시 테이블로 저장한 메뉴야.

```
menu = {
    커피: 10,
    라떼: 12,     ← 바로 라떼를 찾음!
    카모마일차: 15,
    케이크: 45,
};
```

해시 테이블은 아까 사전처럼 사용할 수 있다고 했지? 만약 라떼 가격을 알고 싶다면 모든 데이터를 다 찾는 게 아니라 '라떼'를 검색하면 돼. 그러면 12가 값으로 나오지. 배열을 전체 검색할 때와 비교하면 해시 테이블의 시간 복잡도는 얼마나 차이가 날까?

배열 검색과 해시 테이블 검색의 시간 복잡도 차이는?

선형 검색은 앞에서 설명했지? 선형 검색의 시간 복잡도는 O(N)이야. 하지만 해시 테이블은? 무려 O(1)이야. Big-O 표기법으로 표현할 수 있는 가장 빠른 시간(상수 시간)이지! 쉽게 말해 해시 테이블에서는 어떤 값을 찾더라도 딱 한 단계만 거쳐. 데이터를 추가, 삭제할 때도 O(1)이니까 검색 외 다른 작업에서도 효율이 엄청 좋지!

해시 테이블을 조금 더 창의적으로 활용하기

이제 해시 테이블을 조금 더 창의적으로 활용해 보자. 만약 다음과 같이 나라 이름이 6개 있을 때 대한민국이 있는지 없는지 어떻게 하면 빠르게 알 수 있을까? 여기에서도 데이터가 배열로 저장되어 있다고 해볼게.

```
countries = ["태국", "그리스", "대한민국", "영국", "미국", "이탈리아",]
```

아까 말했듯이 이러한 배열에서 대한민국이 있는지 없는지 알아내려면 처음부터 모든 데이터를 다 찾아야 해. 하지만 다음처럼 해시 테이블을 구성하면 어떨까?

```
countries = {
  "태국": true,
  "그리스": true,
  "대한민국": true,
  "영국": true,
  "미국": true,
  "이탈리아": true,
}
```

이 상태에서 대한민국이 있는지 없는지 알고 싶다면 코드를 다음처럼 입력하면 돼. 즉, 대한민국이 있는지(true) 단번에 알아낼 수 있지.

```
countries["대한민국"]  // true
```

반대로 6개에 포함되어 있지 않은 나라를 찾으면 없다고 나오겠지? 이런 식으로 해시 테이블을 사용하면 원하는 값이 있는지 없는지 엄청 빠르게 찾을 수 있어.

```
countries["러시아"]  // undefined
```

해시 테이블을 조금 더 자세히 알아보고 싶어요

해시 테이블이 뭔지 대충 알았어. 그런데 해시 테이블은 정말로 어떻게 생겼을까? 사실 해시 테이블은 다음과 같은 배열 형태로 구성되어 있어.

그리고 이미 알고 있겠지만 배열은 인덱스라는 번호로 접근해야 해. 이를테면 값 '2'에 접근하고 싶다면 인덱스 1을 사용해서 배열[1]과 같이 접근해야 하지. 그럼 이상하네. 배열 구조라면 해시 테이블이 빠를 이유가 없는 거잖아? 그리고 앞에서 살펴봤던 키와 값을 이용한 검색도 어떻게 하는지 상상이 안 될 거야. 사실 해시 테이블은 이러한 배열에 해시 함수라는 것이 세트로 있어.

해시 테이블 속도의 비결, 해시 함수

쉽게 이해할 수 있도록 앞의 그림을 오른쪽처럼 세로 형태로 바꿨어.

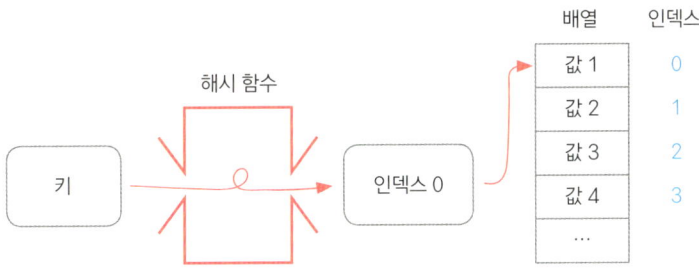

그림에서 보는 것처럼 해시 함수는 여러분이 검색할 때 쓰는 키를 숫자, 즉 인덱스로 바꿔 주는 역할을 해. 피자집 메뉴 예시로 다시 설명해 줄게. 만약 여러분이 피자 메뉴의 가격을 찾는다고 해보자. 그럼 이런 그림을 상상할 수 있을 거야.

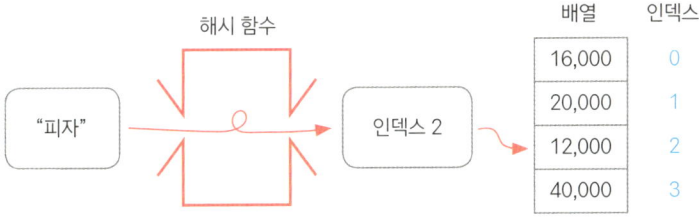

그럼 해시 함수는 어떻게 구성할까? 여기서는 **글자 수를 그대로 인덱스로 반환하도록 구성했다**고 생각하자. 그러면 피자는 글자 수가 2개이니까 인덱스 2를 따라갈 거야. 그러면 12,000원이라는 가격을 찾을 수 있겠지!

문제 발생! 글자 수가 같으면 어떻게 해요?

그런데 방금 해시 함수에는 문제가 있어. 예를 들어 피자와 글자 수가 같은 치킨이라면 같은 인덱스인 2를 반환할 거야. **만약 치킨의 가격이 피자와 같은 12,000원이라면 괜찮겠지만 다르다면 어떻게 해야 할까?** 이런 상황을 전문 용어로 해시 충돌(hash collison)이라고 해. 해시 충돌 대처 방법에는 여러 가지가 있는데 여기서는 하나만 소개해 줄게. 바로 같은 인덱스에 또 다른 배열을 넣는 거야. 다음처럼 말이지.

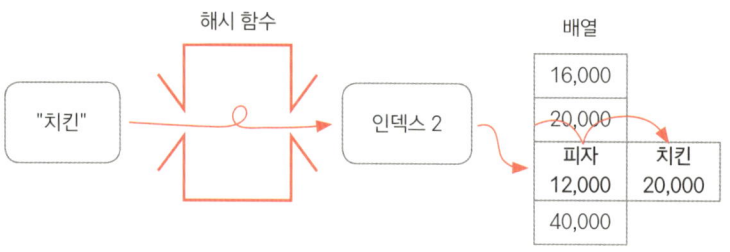

그래서 만약 치킨의 가격을 해시 테이블에서 찾는다면 해시 함수를 통과시켜 인덱스 2를 얻고, 그 안에 들어가서 다시 치킨을 선형 검색으로 찾는 거야. 이러한 이유로 해시 테이블에서 검색은 사실 항상 O(1)은 아니야. 지금처럼 충돌을 추가로 처리해야 할 수도 있거든.

▶ 하지만 해시 테이블의 일반적인 검색 시나리오를 봤을 때를 고려해서 속도를 O(1)이라고 하는 거야.

자! 지금까지 해시 테이블이 작동하는 원리를 설명했어. 해시 테이블의 속도가 왜 **빠른지** 이제 알았지?

29 에피소드

개발자 필수 소양, 클린 코드!

#함수_이름_적절히 #함수_역할은_1개 #매개변수는_적게

개발자라면 무조건 읽어야 하는 책이 있어. 바로 《클린 코드》야. 난 이 책을 여러 번 읽었어. 어떻게 해야 깨끗하게 코딩할 수 있는지, 코드는 어떻게 개선해야 하는지 등을 담고 있어. 그래서 개발자라면 누구나 읽어야 하는 책이라고 한 거야. 이 책은 굉장히 두꺼워! 그래서 개발을 이제 막 시작한 여러분은 아마 읽기 힘들 거야. 이런 분들을 위해 클린 코드를 위한 꿀팁 5가지만 미리 짚어서 알려 줄게. 예를 들어 어떠한 함수명이 더 좋은지, 함수에서 인수를 총 몇 개 사용하는 게 적당한지 같은 것들 말야. 실제로 이런 팁을 여러분의 코드에 적용하면 큰 도움이 될 거야. 함께 일하는 팀원과 미래의 나 자신이 행복해지는 길이라고 할 수 있지.

클린 코드를 위한 5가지 꿀팁

여러분이 개발자가 된다면 아마 혼자 일하는 경우는 거의 없을 거야. 팀으로 일하겠지. 그럴 때 클린 코드가 필요해. 왜냐고? 사람들은 여러분이 작성한 코드를 볼 테니까. **클린 코드란 설명이 필요 없는 코드를 말해. 코드를 읽기만**

해도 이 코드가 무슨 일을 하는지, 어떤 것을 의미하는지 물어볼 필요도 없이 스르륵 이해되는 그런 코드말이지. 코드를 설명하느라 메모나 문서를 쓸 수는 있어. 하지만 그렇게 하면 함께 일하는 사람들이 그 문서를 봐야 하는 거잖아. 이건 새로운 일을 하게 하는 거야. 그러니 클린 코드는 협업에서 무척 중요해. 그리고 클린 코드는 혼자 일할 때에도 중요해. 만약 여러분이 1년 전에 작성한 코드를 다시 봐야 할 일이 생겼다고 해보자. 그때 여러분이 고민했던 걸 코드만 보고도 단번에 이해할 수 있으면 얼마나 좋겠어? 하지만 여러분이 작성한 코드를 시간이 지나고 나서 봤을 때 무슨 내용인지 잘 모른다면 그건 클린 코드가 아니야. 잘 실행되면서 부연 설명을 하지 않아도 이 코드만 봐도 충분히 설명할 수 있는 상태! 클린 코드는 그런 것이야. 기억하라고!

클린 코드 백서 1. 의미 있는 변수, 함수의 이름을 적절히 사용하라

코드를 작성하다 보면 변수나 함수의 이름을 아무렇게나 추가할 때가 있어. 예를 들어 다음처럼 어떤 함수를 실행하는 코드 한 줄이 있다고 해보자.

이 코드는 좋지 않아. 왜냐하면 86400이 뭘 뜻하는지 아무도 모르니까. 이 함수의 86400은 하루를 초로 변환한 값이야. 그렇다면 코드를 다음처럼 작성하는 것이 더 클린하겠지.

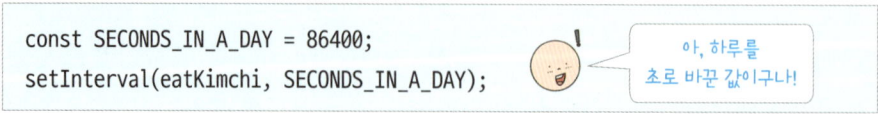

이렇게 하면 나중에 '86400은 하루를 초로 바꾼 것'이라고 설명하거나 메모를 남기지 않아도 되겠지? 검색하기도 훨씬 좋고 말야.

클린 코드 백서 2. 함수 이름은 가급적 동사로 지어라

함수 이름은 될 수 있는 한 동사로 지어야 해. 예를 들어 어떤 함수 이름이 다음과 같다고 해보자.

```
function userData( ) {
(... 생략 ...)
}
```
무슨 함수지?

이건 좋지 않아. 왜냐하면 이 함수로 무엇을 할 것인지 보이지 않으니까. 함수 이름을 다음처럼 지어야 클린 코드야.

```
function loadUserData( ) {
(... 생략 ...)
}
```
사용자 데이터를 호출하는 함수구나!

함수 이름을 보면 '사용자의 데이터를 불러오는 함수구나' 하고 유추할 수 있지? 그래서 함수 이름은 가급적이면 동사로 짓는 것이 좋다는 거야. 사실 무조건 동사로 짓는 것이 좋아.

이렇게 함수 이름을 지으면 사실 더 좋은 점이 있어. 바로 여러분이 만든 함수가 과도하게 많은 기능을 수행하고 있는지, 그렇지 않은지도 알 수 있으니까. 사실 함수는 1가지 역할만 하는 것이 좋아. 난 이것을 '함수의 액션은 1개여야 한다'라고 말하는데, 이 이유 때문에라도 함수 이름은 동사로 지어야 해. 그러면 함수를 설계하는 시점부터 함수가 해야 하는 역할을 명확하게 지정해 줄 수 있거든. 기억해! 함수의 이름은 동사로 지어야 하고, 함수는 1가지 액션만 잘할 수 있으면 돼.

클린 코드 백서 3. 매개변수는 너무 많이 쓰지 마라

이번에는 매개변수를 이야기해 볼 거야. 함수에 값을 전달하려면 매개변수를 선언해야 하지? 그런데 함수에서 매개변수는 몇 개를 사용하는 게 좋을까? 나는 3개 이하여야 한다고 생각해. 매개변수가 지나치게 많이 필요하다면 그 함수는 분명 복잡할 거야. 다음 함수를 볼까?

```
function makePayment(price, productId, size, quantity, userId){
   (... 생략 ...)
}                                         매개변수가 너무 많아!

makePayment(35, 5, "xl", 2, "니꼬")
```

이 함수를 보면 매개변수가 무려 5개나 돼. 이렇게 함수를 만들면 호출할 때도 여러 인잣값이 전달되므로 함께 일하는 사람이 숫자만 보는 것으로는 함수의 역할을 파악하기가 힘들 거야. 만약 불가피하게 매개변수를 많이 설정해야 한다면 컨피겨레이션 오브젝트라는 방식으로 매개변수를 묶어 전달하는 방법도 고려해 볼 수 있어. 이 코드는 다음과 같이 수정할 수 있어.

```
function makePayment({price, productId, size, quantity, userId}){
   (... 생략 ...)
}

makePayment({
   price: 35,
   productId: 5,
   size: "xl",
   quantity: 2,
   userId: "니꼬",
})
```

함수를 파악하기 좋네!

이렇게 정리하면 함수 역할을 파악하기도 쉽고, 매개변수가 몇 개 필요한지도 파악하기 좋을 거야.

클린 코드 백서 4. 불린값을 인자로 보내지 마라

불린은 참 혹은 거짓을 위한 자료형이야. 불린값을 함수의 인자로 보낼 수 있어. 다음처럼 말야.

```
function sendMessage(text, isPrivate){
   if(isPrivate){
      (... 생략 ...)
   } else {
      (... 생략 ...)
   }
}
```

불린을 매개변수로 사용하네. 인자로 불린이 들어오겠구나.

그런데 이 코드를 봐. isPrivate라는 매개변수를 기준으로 if~else 문을 사용했지? if~else 문은 실행 분기를 나누는 문법인데 그렇다면 sendMessage 함수에서 isPrivate의 참, 거짓에 따라 2가지 일을 처리해야 한다는 것을 의미해. 그럼 앞에서 이야기했던 '함수는 1가지 일만 잘해야 한다'는 규칙에 위배돼. 그러니 불린값은 인자로 보내지 않는 것이 좋아.

클린 코드 백서 5. 축약어를 쓰지 마라

이제 마지막이야! 코드를 작성할 때는 나 혼자만 알아 볼 수 있을 만한 축약어를 쓰면 안 돼. 마음이 급해서, 또는 '이걸 누가 보겠어'라는 생각으로 축약어를 쓰는 사람들이 있는데 정말 좋지 않은 습관이야. 예를 들어 user를 u라고 쓰거나 email을 e라고 쓰는 것처럼! 누가 u, e를 보고 user, email을 떠올리겠어? 너무 황당하잖아! 조금 마음의 여유를 가지고 user, email이라고 적으면 되는데 말야!

지금까지 《클린 코드》를 읽지 않아도 꼭 챙겨야 하는 클린 코드를 위한 5가지 팁을 소개했어. 마지막으로 하나 더 이야기하자면, 우리가 코딩할 때는 창의력이 뿜뿜 넘치는 상태가 되는데, 그때 보통 앞에서 언급한 좋지 않은 습관, 클린하지 못한 습관이 많이 나와. 만약 그렇다고 해도 좌절할 필요가 없어! 어떤 개발자도 처음부터 코드를 클린하게 작성하지 못하니까 말야. 원래 코드가 머릿속에서 막 떠오를 때에는 클린한 코드를 작성하기 힘들어! 그럴 때는 어떻게 하면 좋을까? 일단 잘 실행되는 코드를 막 쓰고 나중에 치워. 그 대신 마지막에는 항상 클린하게 코드를 다듬는 작업을 하면 돼!

30
에피소드

코로나가 준 레거시 시스템의 교훈

#코볼 #커뮤니티의_중요성 #프로그램_관리의_중요성

시간이 지나면 코로나는 역사 속으로 사라지겠지? 잠시 코로나 이야기를 해 볼게. 2020년 초부터 코로나가 미친 듯이 확산되었어. 그때 뉴저지 주지사가 TV에 나와서 "코볼 개발자를 급하게 찾는다"라고 했어. 코볼 개발자라니? 파이썬 개발자도 아니고 말야. 사실 코볼 개발자를 구한 이유는 실업자 때문이야. 코로나로 실업자가 많이 생겨났잖아? 실업자는 정부 사이트에 들어가서 실업 급여라든가 생계를 위한 지원을 신청해야 했단 말이지. 그런데 그 시스템이 코볼이라는 옛날 언어로 구현되어 있었던 거야. 그래서 코볼 개발자를 급하게 구했던 거지!

코볼, 넌 누구니?

코볼은 1959년에 탄생한 정말 오래된 언어야. 아까 말했던 정부 사이트도 30년이 넘은 오래된 시스템이라고 해. 그러니까 어떻겠어. 방금 말한 시스템을 고칠 사람을 구하기가 아주 어려웠던 거지. 코볼이 널리 쓰이는 언어도 아니고, 심지어 오래된 언어니까 당연한 현상이라고 생각해. 코볼로 개발을 잘하는 사람은 이미 은퇴했겠지. 그래서 나는 이 사건이 레거시가 우리 생활에 큰 영향을 끼친 사례라고 생각해. 우리가 지금 쓰는 언어도 결국은 옛날 언어가 될 테니까 이 사례를 한번쯤 생각해 보는 게 좋을 것 같아. 우선 코볼이 무엇인지 살짝 알아보자.

▶ 참고로 레거시(legacy)는 유산이란 뜻이잖아. 그래서 이렇게 오래 전에 개발된 시스템을 레거시 시스템이라고 해.

지금의 파이썬 같았던 코볼

코볼(COBOL)은 common business oriented language의 줄임말이야. 코볼은 당시 꽤나 멋진 언어였어. 영어랑 조금 비슷했거든. 지금의 파이썬 같은 느낌이라고 할까? C 언어처럼 무섭게 생긴 언어는 아니었어. 그래서 당시에 많은 사람이 이 언어를 배웠지. 여러분 부모님이 프로그래머였다면 이 언어를 공부했을 확률이 높아. 그리고 아까 사례처럼 오늘날 사용하는 핵심 인프라는 코볼로 만들어진 것이 꽤나 많아. 실제로 미국의 은행 시스템 가운데 43%는 코볼로 개발되었어. 어마어마한 수치야. 미국 ATM 시스템은 더 심해! 95%가 코볼로 구현되었어. 그 당시 코볼의 인기를 실감할 수 있겠지?

코볼의 문제점, 커뮤니티가 너무 적다!

코볼의 문제점은 뭘까? 오래된 언어라서 속도가 느리다는 것? 아니야. 코볼은 프로그램에서 기능을 매우 훌륭하게 수행하고 있어. 그러니까 지금도 쓰이는 것이지. 다만! 커뮤니티의 크기가 문제야! 지금 주변의 개발자를 잡고 물어봐. 코볼을 쓸 줄 아냐고 말야. 아마 없을 거야. 실제로 코볼을 사용하는 개발자는 매우매우매우 적어. 그리고 코볼 개발자의 평균 연령은 50세 이상이야.

젊은 개발자가 전혀 관심을 갖지 않는 언어지. 프로그래밍을 전공하는 학생조차 코볼을 배우지 않아. 왜냐하면 그들에게는 이미 훌륭한 대체 언어가 많거든. 그러니까 코볼로 개발한 프로그램을 관리할 사람이 점점 사라지는 문제가 생기는 거야. 여기서 우리가 생각해야 할 교훈은 무엇일까?

프로그램은 책임 있게 만들어야 한다

먼저 개발자의 관점에서 살펴볼게. 개발자는 자신이 만든 프로그램에 완벽하게 책임을 져야 해. 왜냐하면 개발자가 만든 프로그램은 사람들에게 영향을 줄 테니까 말이야. 가끔 너무 바쁜 나머지 '프로그램이 돌아가기만 하면 그만이다'라는 생각으로 코드를 대충 짜는 개발자도 있는데, 이 사건을 통해 다시금 생각해 보면 좋을 것 같아.

프로그램은 끊임없이 관리해야 한다

이건 관리하는 사람이 생각해 보면 좋겠어. 코볼 개발자를 구할 때 이 문제를 더 부각시켰던 건 시스템 관리자가 '코볼'을 '코발트'로 잘못 알고 있었다는 거야. 정부 시스템 관리자가 언어 이름도 제대로 몰랐다니! 정말 충격이지. 얼마나 시스템 관리에 관심이 없었는지 알 수 있겠지? 프로그램을 오랫동안 방치한 결과라고 생각해.

시스템은 한번 구축하면 끝이 아니야. 개발자라면 코드를 살아 있는 생명체처럼 대해야 해. 꾸준히 관리 해야 하지. 물을 자주 주지 않아도 되는 선인장도 방치하면 죽는 거랑 똑같아. 그러니 개발자가 되려고 준비한다면 이 사실을 꼭 인지하고 생각하며 살아가야 해. 우리는 뉴저지 주지사가 남긴 교훈을 배워서 똑같은 실수를 하지 않도록 하자!

마당 04

코딩별 안내서 — 컴퓨터 공학 편 ②

컴공과가 아니어도
알아야 하는 알짜 지식

여기서는 앞서 [마당 03 코딩별 안내서 — 컴퓨터 공학 편 ①]에서 이야기하지 못해 아쉬웠던 컴퓨터 공학 지식을 더 소개하려고 해. 유용한 지식이 많으니 꼭 한 번 읽어 봐.

31
에피소드

데이터와 단짝 친구, SQL

32
에피소드

NoSQL이 뭐죠?

33
에피소드

깃 & 깃허브, 똑같은 거냐고?

34
에피소드

버전을 표기하는 방법도 있어요?

35
에피소드

비밀번호는 어떻게 저장될까?

36
에피소드

객체 지향 프로그래밍이 뭐죠? ①

37
에피소드

객체 지향 프로그래밍이 뭐죠? ②

38
에피소드

함수형 프로그래밍이 뭐죠?

에피소드 31

데이터와 단짝 친구, SQL

#구조화된_질의_언어 #데이터베이스_다루는_언어 #DBMS #테이블 #ORM

이 책을 펼친 사람은 아마 SQL이 뭔지 잘 모를 거야. 하지만 SQL은 자바, 파이썬만큼 유명한 언어야. 왜냐고? 대부분의 프로그램에는 데이터가 포함되어 있고, 데이터 다루기는 정말 중요하거든. 그래서 데이터를 직접 다루지는 못하더라도 데이터를 다루는 사람과 협업할 상황에서 SQL이 무엇인지 알고 있다면 분명 도움이 될 거야.

SQL과 데이터베이스 개념 제대로 짚기

SQL은 structured query language의 줄임말이야. 의미를 해석해 볼까? structured는 구조화된이라는 뜻이고, query는 질문 또는 문의, language는 언어를 말하지. 즉, SQL은 **데이터베이스**에 어떤 **질문 또는 문의**를 하기 위해 어떤 **구조**를 가진 **언어**라는 것을 알 수 있어. 즉, SQL은 한마디로 말해 데이터베이스를 다루는 언어야.

데이터베이스를 관리해 주는 DBMS

그런데 데이터베이스는 데이터를 보관하는 창고 역할만 해. 데이터를 직접 정리하거나 처리하는 능력이 없지. 사실 그런 일들은 DBMS라는 녀석이 해. 그래서 이 녀석에 대해 먼저 이야기를 해야 해.

DBMS(database management system)는 이름 그대로 데이터베이스 관리 시스템을 말해. 즉, SQL로 데이터베이스와 상호작용을 하려면 DBMS를 거쳐야 해.

정리하면 SQL은 데이터베이스를 관리해 주는 DBMS와 대화하기 위한 언어야. 데이터베이스가 아니라! DBMS의 종류는 굉장히 많은데 아마 들어 본 사람도 있을 거야.

SQL은 데이터베이스가 아니라 DBMS와 대화하는 말!

DBMS의 종류

- MySQL, PostgreSQL, SQLite, Oracle, MariaDB 등

이렇게 관리자의 종류가 많으니 같은 SQL이라도 특징은 조금씩 달라. 약간 사투리 같다고 할까? 그래서 마이SQL(MySQL)에서 쓰는 SQL이 있고, 포스트그레SQL(PostgreSQL)에서만 쓰는 SQL이 있는 거야. 그리고 이것들을 데이터베이스로 잘못 알고 있는 사람들이 많은데, 다시 한번 말하지만 데이터베이스가 아니라 DBMS야. 실제로 'MySQL'을 검색해 보면 데이터베이스라고 하지 않고 데이터베이스 관리 시스템이라고 나와.

그렇지만 DBMS와 데이터베이스는 세트로 다니니까 편의상 데이터베이스라고 부르는 것뿐이야. 이제 알았지?

데이터베이스와 SQL은 어떻게 상호작용할까?

앞에서 SQL과 데이터베이스, DBMS를 명확하게 구분했으니까 이제 데이터베이스와 SQL이 어떻게 상호작용하는지 설명할 시간이야. 우선 데이터베이스가 어떻게 생겼는지 알아보자. 데이터베이스는 엑셀 문서와 똑같이 생겼어. 더 복잡할 줄 알았는데 의외지? 데이터베이스에서는 한 무리의 데이터를 **테이블**(table)이라고 하는데 엑셀의 시트와 같아. 그래서 여기서는 편의상 엑셀 시트 화면을 보면서 SQL을 설명할게.

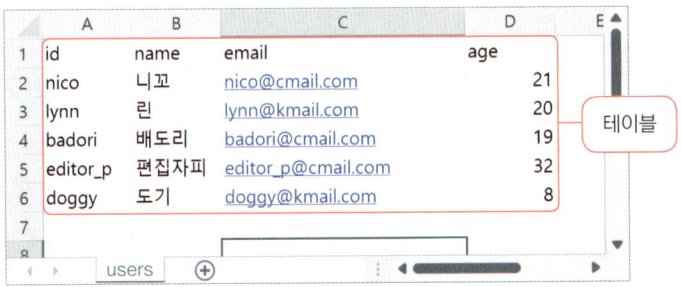

데이터베이스는 엑셀에 데이터를 입력한 테이블처럼 생겼다

id, name, email, age 열에 사용자 5명의 정보를 채웠어. 이런 상태에서 SQL이 활약하는 거야. 가장 간단한 SQL 문법으로 SELECT~FROM~;이 있는데 글자만 봐도 예상할 수 있듯이 **어떤** 테이블에서 **선택**하는 것을 의미해. 만약 테이블에서 5명의 이메일을 모두 가져오고 싶다면 SELECT email FROM users;라고 입력하면 돼. 그러면 users라는 테이블에서 email 열에 해당하는 정보만 가져와.

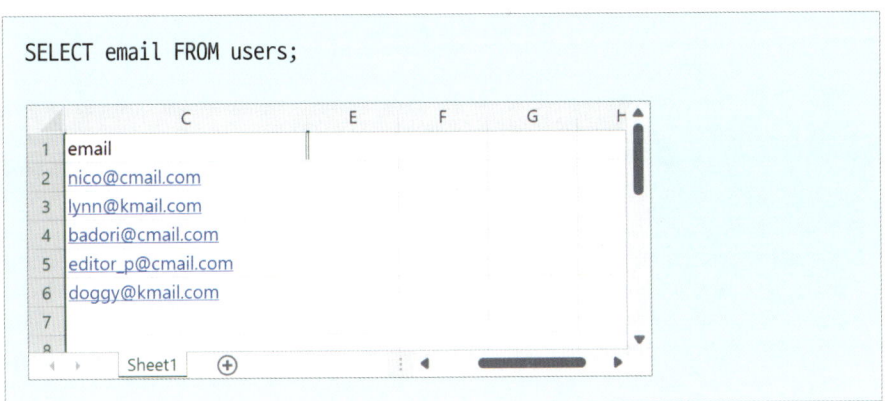

SQL 문법은 영어만 알아도 충분히 이해할 수 있을 거야. 계속해서 SQL 문법 사용 예를 조금 더 구체적으로 알아보자. 이번에는 21살을 기준으로 나이가 많은 사람의 이메일을 가져오고 싶어. 이럴 땐 SELECT email FROM users WHERE age > 21;이라고 입력하면 돼.

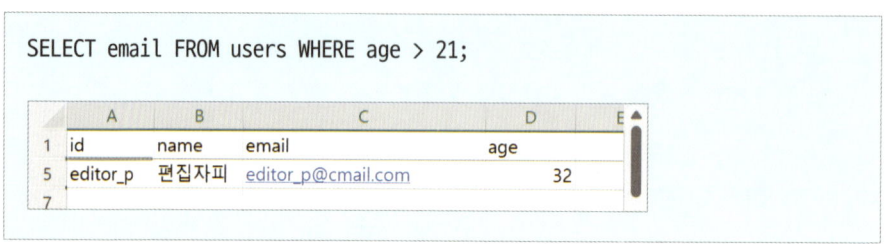

이것도 이해하기가 정말 쉽지? SQL로 작성한 문장은 영어와 크게 차이가 없어. 이번에는 kmail.com이라는 이메일을 사용하는 사람들의 나이를 가져오는 SQL 문법 사용 예를 볼까? SELECT age FROM users WHERE email LIKE "%kmail.com";이라고 입력하면 돼. 여기서 %는 '% 이후 나오는 값'만 추리는 특별한 기호야. 이번 예에서는 'kmail.com으로 끝나는 값만 가져와'라는 뜻이지.

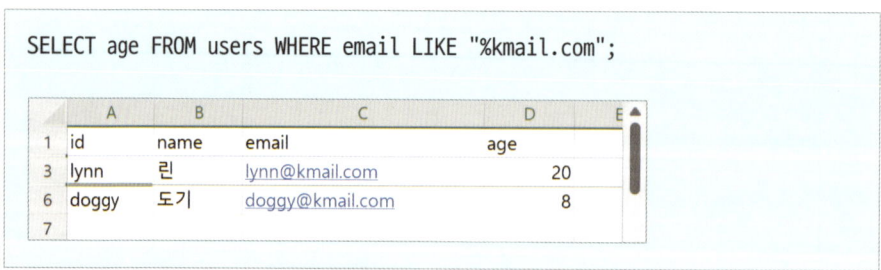

이제 이 정도면 SQL 문법이 그렇게 어렵지 않다는 것을 알 수 있을 거야. 그런데도 SQL을 잘 모르는 개발자가 의외로 많아. 왜 그럴까?

SQL을 프로그래밍 언어로 쓸 수 있게 해주는 ORM

개발자들이 SQL을 잘 모르는 이유는 바로 ORM이라는 녀석 때문이야. ORM(object relational mapping)은 개발자에게 SQL 번역기 같은 도구인데, 사용자에게 익숙한 프로그래밍 언어로 SQL을 사용할 수 있게 해줘. 그래서 ORM을 한번 경험한 개발자는 SQL 공부를 자꾸 뒤로 미루게 돼. 왜냐고? 너무 편리하니까.

영어로 말하기 어려운 사람이라면 '내가 한국어로 말할 때 즉시 영어로 변환해 주는 동시 통역기가 있으면 얼마나 좋을까?'라고 생각한 적이 있을 거야.

그리고 만약 그런 통역기 있으면 굳이 영어를 배울 생각을 하지 않겠지? 개발자에게는 그런 도구가 ORM인 셈이야! 조금 과장되지만 정말 편리한 도구라는 사실은 틀림 없어.

▶ 파이썬에는 장고 ORM(Django ORM)이라는 도구가 있고, 라라벨에는 엘러퀀트 ORM(eloquent ORM), 노드제이에스에는 시퀄라이즈 ORM(Sequelize ORM)이나 타입 ORM(type ORM)이라는 도구가 있어.

문제는 개발자가 ORM에 지나치게 의존한다는 거야. 파이썬 개발자는 계속 파이썬으로만 작업하고 싶을 거야. 그래, 이해해. 파이썬, SQL을 왔다 갔다 하면서 작업하기는 매우 귀찮거든. 하지만 ORM에 의존하면 ORM만으로 해결하기 어려운 상황에 대처하기 어려워. SQL을 사용해야 하는 모든 상황에서 ORM만이 해결책을 제시하는 도구는 아니거든. 번역기가 만능은 아닌 것처럼 말야.

그래서 SQL의 기초 공부를 하라고 앞에서 말했던 거야. SQL은 개발에 꼭 필요한 데이터와 데이터베이스를 이해할 수 있게 해주는 언어이기 때문이야. 각종 개발 문제가 발생했을 때 유연하게 대처할 수 있는 능력도 가질 수 있을 테니까 말이지. SQL은 여러분의 미래에 확실히 큰 도움이 될 수 있는 언어니까 꼭 시간을 투자해서 공부해 봐. 그러면 더 뛰어난 개발자가 될 수 있을 거야.

32
에피소드

NoSQL이 뭐죠?

#몽고디비 #JSON #도큐먼트_데이터베이스 #키값_데이터베이스 #그래프_데이터베이스

혹시 SQL을 공부하면서 NoSQL이라는 말을 들어 본 적 있어? 데이터베이스를 공부한 사람이라면 들어 봤을 거야. SQL은 앞에서 자세히 설명해 줬으니 여기서는 NoSQL을 알아보자.

▶ NoSQL은 노에스큐엘이라고 읽어.

데이터베이스의 성질도 조금 다른 NoSQL

NoSQL은 SQL과 성격 자체가 달라. SQL은 사투리처럼 프로그램마다 조금씩 다르다고 했지? NoSQL은 언어의 특징만 있는 것이 아니라 그들이 사용하는 데이터베이스 자체의 성질도 달라. NoSQL의 데이터베이스 종류는 되게 많은데 여기서는 도큐먼트 데이터베이스(document DB), 키값 데이터베이스(key-value DB), 그래프 데이터베이스(graph DB)만 설명해 줄게.

데이터 형식이 매우 자유로운 도큐먼트 데이터베이스

도큐먼트 데이터베이스로 **몽고디비**(MongoDB)가 대표적인 녀석이지. 몽고디비는 데이터를 제이슨(JSON) 도큐먼트 형태로 저장해. SQL의 데이터베이스는 다음 표처럼 데이터를 행과 열의 개념으로 저장하거든? 그런데 몽고디비는 그런 개념이 없어.

▶ JSON은 JavaScript object notation의 줄임말이고, 제이슨 도큐먼트(JSON document)는 제이슨 형식으로 저장된 파일을 말해. 제이슨 형식이라는 건 그냥 {키1: 값1, 키2: 값2, ...} 형태로 구성된 데이터의 모양을 말할 뿐 그 이상도 그 이하도 아니야.

ID	Name	Price
1	슬리퍼	30000
2	바지	50000

(전형적인 SQL 데이터베이스의 모습)

다음은 몽고디비에 저장한 데이터의 모습이야. 데이터를 대괄호와 중괄호로 구분해서 저장하고 있지? 아까 표 형태와 비교하면 모습이 완전히 달라졌어.

```
[
  { "id": 1, "name": "슬리퍼", "price": 30000 },
  { "id": 2, "name": "바지", "price": 50000 }
]
```

(도큐먼트 데이터베이스의 모습)

이렇듯 SQL로 다루는 데이터베이스는 표의 형태를 띠고 있어서 형태가 매우 정적이야. 만약 열을 늘리고 싶다면 다른 행에는 반드시 그 열에 해당하는 값을 넣어 주어야 하고, 만약 그 값이 없으면 그 녀석을 처리할 방법이 필요해. 예를 들어 반팔이라는 데이터를 SQL 데이터베이스에 추가하려면 id, name에 해당하는 값을 다 마련해야 해.

반면 JSON 도큐먼트 형태는 대괄호와 중괄호로만 구성하면 되고, 데이터마다 구성이 같을 필요가 없어. 그래서 개발자가 원하는 어떠한 모양, 어떠한 종류의 데이터라도 저장할 수 있다는 장점이 있지.

읽고 쓰는 속도가 엄청 빠른 키값 데이터베이스

키값 데이터베이스로 **카산드라디비**(CassandraDB), **다이나모디비**(DynamoDB)가 대표적인 녀석이지. 카산드라디비의 특징은 열이 넓다는(column wide) 거야. 말 그대로 한 행의 열이 엄청 넓은 데이터베이스를 생각하면 돼. 더 자세히 설명해 주고 싶지만 너무 길어지니까 우선 넘어갈게. 아무튼 이 녀석의 장점은 읽고 쓰는 속도가 정말 빠르다는 거야! 수만 개의 데이터를 1초 만에 순식간에 쓸 수 있을 정도라고! 이 장점 때문에 애플은 카산드라디비로 10페타바이트의 데이터를 저장하고 있어. 넷플릭스, 인스타그램, 우버 같은 회사도 마찬가지지! 대용량 데이터를 빠르게 저장해야 하거나 읽어야 한다면 카산드라디비가 정말 좋은 선택지야.

▶ 10페타바이트(PB)는 100만 기가바이트(GB) 정도 되는 크기야. 굉장히 크지?
1페타바이트(petabyte, PB)는 1,024테라바이트(TB), 1테라바이트는 1바이트의 10^{12}배야. 참고로 국제단위계(SI 접두어)를 알아 두자.

다이나모디비는 아마존이 만들었어. 듀오링고(Duolingo)라는 언어 학습 애플리케이션에서 다이나모디비를 쓰지. 이 녀석도 굉장히 빠르게 읽을 수 있어. 데이터를 1초에 2만 4,000개나 읽을 수 있다고 해.

노드로 관계를 표현하는 그래프 데이터베이스

마지막으로 그래프 데이터베이스를 알아볼까? 이 녀석은 열이나 도큐먼트가 필요하진 않아. 하지만 노드라는 개념이 필요하지. 노드 개념은 이해하기 어려울 테니 예를 들어 설명해 줄게. 여러분이 페이스북 같은 것을 만든다고 가정해 보자. 이때 페이스북의 데이터는 각각 관계망으로 연결해.

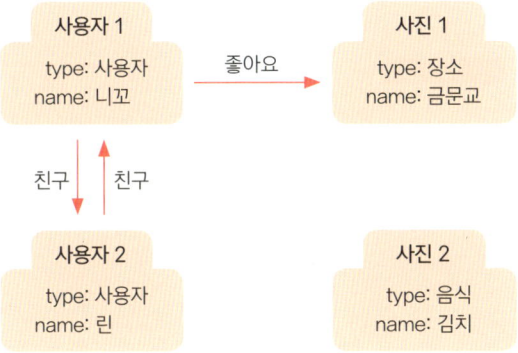

- **사용자 1**이 **사진 1**에 좋아요를 눌렀다.
- **사용자 1**과 **사용자 2**는 친구이다.

이런 정보들 말이야. 그래서 페이스북은 자신들이 사용할 요량으로 데이터베이스를 아예 개발했던 거야.

그래서 어떤 게 더 좋냐고?

그럼 SQL 데이터베이스와 NoSQL 데이터베이스 중에 어떤 게 더 좋냐고 묻는다면? 그런 질문은 의미가 없어. 애초에 두 녀석은 다르니까. 자신에게 필요한 것을 사용하면 돼. 다만 아주 평범한 프로젝트라면 대부분 SQL 데이터베이스를 사용하는 편이야. NoSQL 데이터베이스는 아까 말했던 특징을 사용해야 하는 경우가 아니면 생각할 일이 없지. 실제로 인스타그램도 처음에는 PostgreSQL, 그러니까 SQL 데이터베이스로 시작했는데 회사가 점점 성장하면서 그래프 데이터베이스로(NoSQL 데이터베이스) 옮겨야 하는 상황이 되었을 때 수정했거든. 기술에는 좋고 나쁨이 없어. 용도에 맞게 쓰면 되니까 비교해 보면서 우위를 따지는 실수를 하지 않도록 하자.

에피소드 33

깃 & 깃허브, 똑같은 거냐고?

#당연히_다름 #깃_파일_이력_관리 #깃허브_깃_저장소

개발 입문자들이 많이 질문하는 주제가 바로 깃(Git)과 깃허브(Github)야. 깃은 개발자라면 사용할 수밖에 없는 필수 도구라서 꼭 알아야 해. 그러면 깃허브는 뭘까? 깃을 깃허브의 줄임말일 거라고 생각하는 사람도 있는데 그건 아니야. 깃 허브는 깃과 연관이 있지만 분명 다른 녀석이야. 깃이 커피라면 깃허브는 커피 숍 정도로 비유하면 쉽게 이해할 수 있겠지? 우선 깃부터 알아 보자.

깃은 파일 이력을 관리하는 프로그램

깃은 간단히 말해서 파일의 이력을 관리하는 프로그램이야. 그런데 이렇게 말하면 바로 이해하기 힘들어. 깃은 사실 어떻게 동작하는 프로그램인지 아는 게 더 중요해. 깃이 동작하는 원리는 꽤 간단하니까 여러분도 충분히 이해할 수 있을 거야.

깃(왼쪽)과 깃허브(오른쪽) 로고

깃은 파일을 항상 지켜보는 사관이다

깃은 감시자처럼 여러분의 파일을 항상 지켜보고 있어. 여러분이 파일에 무엇을 기록했는지, 무엇을 지웠는지, 파일을 이동했는지, 파일을 아예 지워 버렸는지 모두 알고 있어. 예를 들어 조선 시대에는 왕의 일거수 일투족을 기록하는 사관이 있었잖아? 왕이 하는 말, 행동을 다 글로 기록했지. 그 사관의 역할을 깃이 수행하는 거야.

깃은 왕이 하는 말을 기록하는 사관 역할을 한다

깃은 사관보다 더 엄청난 기능을 하지. 그래서 장점도 많아. 같은 파일이라도 다른 버전으로 보관할 수 있다는 거야. 이게 무슨 말이냐면 〈어벤져스 엔드게임〉이라는 영화를 본 사람 있어? 그 영화에서 주인공들이 시간 여행을 하면서 같은 시간에 여러 버전으로 존재하는 것처럼 말이야.

같은 타임라인에 있는 영화 주인공과 깃이 관리하는 파일은 개념이 비슷하다

그와 마찬가지로 깃이 관리하는 파일도 같은 시간에 여러 버전이 함께 공존하는 것이지. 혹시 영화를 보지 않은 독자를 위해 다른 예를 하나 더 들어 볼게.

여러분이 소설가라고 해보자. 그리고 그 소설의 엔딩을 일단 3가지 떠올렸어. 만약 일반 상황이라면 파일을 3개 준비해서 엔딩만 수정하는 식으로 파일 관리를 하겠지? 하지만 이렇게 하면 앞쪽에 있는 이야기는 중복될 거야. 물론 엔딩만 작업한다면 중복은 큰 문제가 안 돼. 하지만 엔딩 작업을 하다가 앞쪽의 이야기를 변경하고 싶어지면?! 파일 3개를 다 수정해야겠지? 하지만 깃이 있다면 파일은 하나만 유지한 상태로도 이런 작업을 할 수 있어. 엔딩 버전을 3개 준비하면서도 앞쪽의 중복된 내용 수정은 한 번에 적용할 수 있게 해준다는 말씀이지!

함께 일하는 동료에게도 유용한 깃

깃이 멋진 이유는 더 있어. 개발자들은 보통 혼자 일하지 않고 함께 일하는 동료가 있지. 그럴 때 깃은 또다시 진가를 발휘해. **같은 파일을 복사해서 각자 컴퓨터에 저장해서 작업한 뒤 다른 사람이 변경한 부분과 내가 변경한 부분을 비교해서 다시 하나로 만들 수 있으니까!** 이렇게 작업하니 내가 실수한 내용을 다른 동료가 쉽게 알아차릴 수도 있지. 깃을 활용하면 이렇게 협업도 매우 쉬워져.

깃허브는 파일과 깃으로 관리한 이력을 저장하고 공유하는 공간

아까 깃을 사용하면 내가 실수한 부분을 다른 동료가 확인할 수 있다고 했지? 그러면 그 실수한 내용은 어디서든 접근할 수 있는 곳에 저장해서 공유할 수 있어야 해. 바로 그 저장소가 깃허브야! 깃허브는 깃으로 관리한 파일 이력을 모두 저장해서 공유할 수 있는 곳이야.

깃허브는 파일 클라우드 서비스와 같다

깃허브는 파일 클라우드 서비스랑 같아. 원드라이브, 구글 드라이브 등의 파일 클라우드 서비스를 써본 적 있지? 클라우드에서 특정 폴더나 파일의 접근 권한을 친구에게 주는 방식으로 파일 공유를 했을 거야. 깃허브도 그것과 똑같아! **다만 파일뿐만 아니라 깃으로 관리한 파일 이력도 공유할 수 있다는 점에 차이가 있지.** 동료가 깃허브에 접속해서 내가 관리한 파일과 깃으로 관리한 파일 이력을 모두 내려받을 수 있어. 그래서 파일에서 변화된 부분을 확인할 수 있지.

깃허브에 깃 이력을 업로드하는 것을 **푸시**, 내려받는 것을 **풀**이라고 해. 푸시는 민다는 뜻이고, 풀은 당긴다는 뜻이니까 개발자가 자신의 컴퓨터에서 파일을 변경하면 깃 이력이 생기고, 이것을 깃허브로 밀거나 당기면서 작업하는 모습을 상상하면 돼.

파일 변경을 하면 버전별로 이력이 생기고, 이것을 깃허브에 업로드하거나(푸시) 내려받는다(풀)

이런 서비스로 깃허브가 유일한 건 아니야. 깃랩(GitLab), 비트버킷(Bitbucket)이라는 깃 이력 보관소 서비스도 있어. 깃허브가 가장 유명할 뿐이지. 실제로 지금까지 많은 개발자가 깃허브에서 자신들이 만든 프로젝트를 공유했어. 깃 이력을 포함해서! 이 말은 아마존, 페이스북, 구글, 에어비엔비 등 어마어마한 대기업의 코드를 볼 수 있을 뿐만 아니라 그들이 파일을 어떻게 관리했는지도 알 수 있다는 말이야. 굉장하지!?

34
에피소드

버전을 표기하는 방법도 있어요?

#SemVer #큰_변화 #업그레이드 #버그_수정

프로그래밍을 좀 공부했다면 아마 무슨무슨 프로그램 16.8.1과 같은 버전을 많이 봤을 거야. 그냥 대충 보면서 '프로그램의 새 버전과 이전 버전을 구분하는 단순한 숫자겠지' 하고 넘어갈 수 있는데, 사실 버전의 숫자와 숫자 자리에는 의미가 있어. 궁금했던 사람도 있을 테니까 여기서는 버전 표기 방식의 비밀을 이야기해 줄게!

SemVer는 숫자 3개로 표시하는 버전 표기 방식

앞서 언급한 숫자 3개를 사용하는 버전 표기 방식을 시맨틱 버저닝(semantic versioning specification, SemVer)이라고 해. 즉, 모든 사람이 프로그램의 버전을 시맨틱 버저닝 방식으로 표기하지는 않는다는 거지. 하지만 가장 널리 쓰이는 방식이기는 해. 여기서는 시맨틱 버저닝 방식으로 버전을 표기하는 대표 기술인 리액트와 장고를 살펴보자.

예를 들어 장고의 버전이 4.0.5로 표기되었다고 해보자. 첫 번째 숫자인 4는 무엇을 뜻할까? 이 숫자는 프로그램에 엄청나게 큰 변화가 있을 때 바뀌지. 거의 새집으로 이사가는 수준의 변화랄까?

첫 번째 숫자의 변화는 이사하는 수준

예전에 장고 1.1.0 버전으로 작업했는데 2.1.0으로 바뀌어서 새 버전을 프로그램에 반영했는데 슬프게도 이미 작성한 코드가 많이 망가졌어! 결국은 새 버전에 맞게 코드를 업데이트해야 했지. 이때 새로 이사하는 기분이었어.

이번엔 중간 숫자의 의미를 알아보자. 중간 숫자는 마이너한 업데이트를 의미해. 첫 번째 숫자가 이사하는 수준이라면 중간 숫자는 예쁜 카페트나 소품을 이용해서 인테리어를 살짝 업그레이드하는 느낌이야. 예를 들어 리액트에는 훅이라는 콘셉트가 도입되었는데 그때 버전이

중간 숫자의 변화는 소품, 인테리어로 살짝 업그레이드하는 느낌!

16.7.0에서 16.8.0으로 표기되었어. 그런데 리액트 훅은 기존 리액트에 새 기능을 추가하는 수준이어서 내 프로젝트의 코드를 완전히 갈아 치울 필요는 없는 업데이트였지.

그럼 마지막 숫자는 무엇이냐! 바로 패치나 버그 수정을 의미해. 기존 프로그램의 오류를 수정한 거지. 그래서 4.0.25와 같이 표기되었다면 수정을 25번 했다고 생각해도 좋아.

IT 쿠키 상식 | 개발자는 꼭 맥북을 사용해야 하나?

정말 많은 사람들이 물어보는 질문이야. 우리나라에서는 윈도우 운영체제를 정말 많이 쓰지? 그래서 그런지 개발자가 맥북을 사용하는 모습을 보고 '개발자는 무조건 맥북을 사용해야 하는 건가?'라고 생각하는 사람이 많아. 재미있는 질문이라고 생각해. 그런데 사실은 그보다 더 중요한 질문을 할 수 있어야 해.

개발자의 필수품은 맥북?

🍪 시간을 많이 절약해 줄 수 있는 물건인가?

만약 개발 도구를 살 생각이 있다면? 일단 시간 대비 효율을 낼 수 있는 기계인지 생각해 봐야 해. 그리고 나는 맥북이 개발자에게 좋은 물건이라고 생각해. 왜냐하면 맥북은 사용해 보니까 개발 시간을 크게 줄여 주는 물건이거든. 사실 이건 개발자마다 의견이 다 달라. 그래서 아까 맥북이 좋은지, 윈도우 노트북이 좋은지를 질문하기 전에 더 중요한 걸 물을 수 있어야 한다고 했던 거야. 그건 바로 시간이야!

🍪 동기 부여를 할 수 있는 물건인가?

그다음으로 동기 부여를 할 수 있는 물건인지 질문해 봐야 해. 맥북은 엄청나게 비싼 머신이야. 변명의 여지가 없지. 하지만 가격에만 집중하기보다는 이렇게 생각을 전환해 보면 어떨까? 구매한 머신에서 본전을 뽑으려면 이 도구를 얼마나 잘 써야 할지를 생각하는 방향으로 말야. 실제로 나는 그 생각을 하면서 맥북을 구매했어. 그리고 열심히 공부하고 개발해서 돈을 벌었지! 하하! 누군가는 나에게 '정신 승리한 거 아니야?'라고 할 수도 있지만… 글쎄? 나는 나에게 투자를 했고, 그 결과 지금의 내가 될 수 있었어. 무엇보다 반드시 개발자가 되어서 본전을 뽑겠다는 의지가 대단했지. 만약 여러분에게도 그만큼 의지가 있다면 맥북만 한 머신은 없을 거야.

🍪 방해 요소를 줄일 수 있는 물건인가?

그리고 노트북, 컴퓨터는 사실 놀이용으로도 많이 구매해. 그래, 게임용! 그런데 맥OS는 게임을 위한 운영체제가 아니라서 게임을 저절로 덜하게 돼. 몇몇 게임은 맥OS에서 실행할 수 있기는 해. 하지만 제대로 실행되지 않아서 결국은 게임을 지우게 되거든. 이건 개발자라면 모두 인정할 거야. 공부를 방해하는 요소가 머신을 구매하는 것만으로도 사라지는 것이지!

이렇게 3가지 질문만 해봐도 여러분에게 어떤 도구가 필요한지 알 수 있을 거야.

35 에피소드

비밀번호는 어떻게 저장될까?

#해시_함수 #레인보우_테이블 #솔트

구글, 네이버 등에서 매일같이 아이디와 패스워드를 입력하는 일은 이젠 자연스러운 일상이 되어 버렸어. 비밀번호 자동 저장 기능도 쓰고 말야. 그런데 이 비밀번호는 어떻게 저장하는 걸까? 개발자들은 사용자의 비밀번호를 다 알고 있는 걸까? 이번에는 우리가 매일 사용하는 비밀번호! 이 녀석을 관리하는 시스템을 이야기해 보려고 해. 개발자가 될 거라면 도움이 될 만한 지식이니까 한번 들어 보라고!

비밀번호 시스템 구현, 어떻게 해야 할까?

개발자라면 한번쯤 비밀번호 시스템을 구현하지. 그리고 비밀번호는 보안에서 아주 중요한 부분을 차지하니까 제대로 구현하는 것이 무엇보다 중요해. 비밀번호 시스템의 잘못된 예와 괜찮은 예를 보여 줄게.

비밀번호 시스템의 잘못된 예 2가지

먼저 잘못된 방법부터 살펴보면, 비밀번호를 데이터베이스에 그대로 저장하는 거야. 이건 상식적으로 생각해도 아주 좋지 않은 방법이야.

number	ID	password
1	nico	nico1234
2	lynn	lynn0920
3	baedori	!doridori123

이러면 개발자가 내 비밀번호를 다 볼 수 있겠군.

이렇게 저장하면 데이터베이스에 접근할 수 있는 운영자, 개발자 모두 볼 수 있겠지? 비밀번호 시스템을 구축한 사람도 비밀번호를 볼 수 있어서는 안 돼. 이건 정말정말 좋은 방법이 아니야.

그래서 어떤 회사는 데이터베이스 자체를 암호화해서 아무도 볼 수 없게 만든 후에 비밀번호를 저장해. 사용자는 회사에서 주는 키(key)로 데이터베이스를 해제한 후 로그인하지. 키로 자신의 비밀번호가 저장된 부분을 해제하고 나서 입력한 비밀번호와 대조해서 맞으면 로그인되는 거지. 로그인을 마치면 다시 데이터베이스의 비밀번호 부분을 잠그고 말야. 이 방법은 당연히 첫 번째 방법보다 훨씬 낫지. 하지만 여러분이 키를 잃어버리거나 누군가 그 키를 훔치면 큰일이야. 역시 이 방법도 좋은 방법은 아닌 것이지.

괜찮은 비밀번호 시스템의 예: 해시 함수

앞서 소개한 잘못된 2가지 방법 대신 해시 함수를 사용하면 비밀번호 시스템을 더 안전하게 구현할 수 있어. 해시 함수는 비밀번호 데이터베이스 앞에 살고 있는 마법사 같은 녀석인데, 내가 입력한 값을 무작위 값으로 둔갑시켜 주는 녀석이야.

예를 들어 여러분이 12345라고 비밀번호를 입력해서 회원 가입을 하면 해시 함수가 !aef3eZ&^와 같은 값으로 만들어 저장하는 거야. 그러면 이 해시 함수는 어떻게 동작할까? 좀 더 자세히 알아보자.

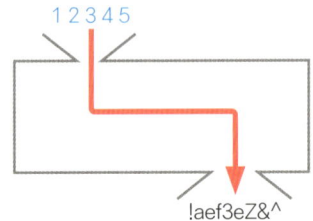

비밀번호 12345를 무작위 값으로 둔갑시켜 주는 해시 함수

마법사 해시 함수는 어떻게 동작하지?

규칙 1. 동일한 입력값에 대해 동일한 출력값을 가진다

해시 함수라는 녀석은 동일한 입력값에 대해 동일한 출력값을 가지는 규칙이 있어. 아까 예를 들었던 12345와 !aef3eZ&^의 일대일 대응 관계는 계속 유지된다는 뜻이야.

규칙 2. 입력값이 아주 살짝만 바뀌어도 출력값은 엄청나게 크게 바뀐다

예를 들어 해시 함수에 12345가 아니라 1234가 입력되면 출력값은 !aef3eZ&*와 같이 약간만 달라지는 것이 아니라 5a1ZKer!처럼 완전히 다른 결과가 나와. 해시 함수는 상상할 수 없을 정도의 무작위성을 갖고 있는 거지.

규칙 3. 반대로 입력한다고 해서 원래 값이 나오지 않는다

해시 함수는 반대로 입력하면 원래 값이 나오거나 하지 않아. 한쪽 방향으로만 설계된 함수거든. 예를 들어 아까 12345를 넣어서 만든 값 !aef3eZ&^를 다시 해시 함수에 넣으면 12345가 나오지 않아.

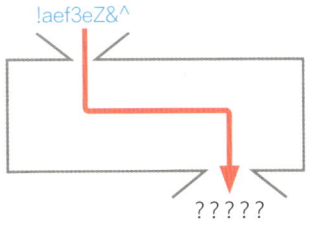

거꾸로 값을 넣어도
원래 값이 나오지 않는 해시 함수

이렇게 해시 함수의 3가지 규칙을 이용하면 꽤 괜찮은 비밀번호 시스템을 만들 수 있어. 여러분이 입력한 비밀번호를 해시 함수에 통과시켜서 얻은 무작위 결괏값을 데이터베이스에 저장하는 것이지! 그러면 시스템 개발자가 데이터베이스에서 !aef3eZ&^와 같은 값을 봐도 원래 비밀번호를 알 길이 없어서 완전 안전한 거야.

해시 함수도 완벽하진 않다, 레인보우 테이블

그런데 해시 함수도 완벽하진 않아! 왜냐하면 레인보우 테이블(rainbow table)이라는 것이 있기 때문이지. 레인보우 테이블은 해시 함수가 변경한 값을 원래의 값과 연결한 표야. 마법사의 비밀 책 같은 것이지. 사실 해시 함수를 통과한 값은 레인보우 테이블에서 찾아보면 원래 값을 알 수 있어. 그래서 레인보우 테이블이 털리면? 다시 위험해져.

최종 병기, 솔트

해커에게 당하고만 있을 순 없지! 그래서 새로 나온 것이 솔트(salt)야. 솔트는 아주 조그마한 무작위 텍스트야.

이걸 어떻게 이용하냐면 아까 12345와 같은 비밀번호를 무작위 텍스트인 솔트와 합쳐서 해시 함수에 통과시키는 거야! 그러면 레인보우 테이블이 있어도 원래 비밀번호를 찾을 수 없을 거야! 비밀번호를 저장하는 방법이 여러 가지라는 것을 이제 알았지?

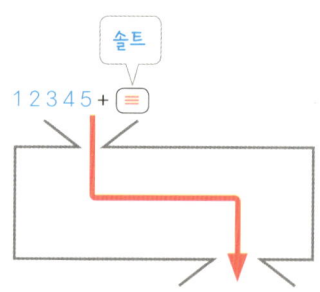

비밀번호와 무작위 텍스트 솔트를 합치면 원래 비밀번호를 찾을 수 없다!

에피소드 36

객체 지향 프로그래밍이 뭐죠? ①

#프로그래밍_패러다임 #게임으로_설명하는_객체_지향 #클래스

프로그래밍을 공부하려고 했다면 **객체 지향 프로그래밍**이라는 용어를 아마 들어 봤을 거야. 자바나 C++ 등은 객체 지향 프로그래밍을 지원한다는 말 있잖아. 여기서는 이 녀석을 설명할 텐데, 그 전에 여러분이 하나 알아야 할 게 있어. 프로그래밍 방식에는 패러다임이라는 것이 있다는 거야.

프로그래밍 패러다임이란?

프로그래밍 패러다임(programming paradigm)은 이 책에서 주로 다룰 내용도 아니고 자세히 말하자면 또 너무 어려우니까 쉽게 설명해 줄게. 프로그래밍 패러다임은 프로그래머가 프로그래밍을 할 때의 관점, 방식 이런 것을 말해. 프로그래밍을 하는 사고의 틀이라고 생각해도 좋아. 프로그래밍 언어는 이런 프로그래밍 패러다임을 하나 또는 하나 이상을 지원해. 이를테면 자바는 객체 지향 프로그래밍, 함수형 프로그래밍을 지원해. 대표적인 프로그래밍 패러다임으로 절차 지향 프로그래밍, 객체 지향 프로그래밍, 함수형 프로그래밍이 있어.

프로그래밍 패러다임 설명은 이만큼만 할게. 진짜로 하고 싶은 말은 프로그래밍 패러다임이니 뭐니 해서 객체 지향 프로그래밍을 너무 무겁게 받아들이지 말자는 거야. 그냥 프로그래밍 관점, 방식 하나를 공부한다고 생각하면 돼. 그럼 이제부터 가벼운 마음으로 객체 지향 프로그래밍 공부를 시작해 보자.

게임 만드는 과정으로 이해하는 객체 지향 프로그래밍

여기서는 게임을 만드는 과정으로 객체 지향 프로그래밍을 설명해 줄게. 우리가 〈유명인 대전〉이라는 게임을 만든다고 상상해 보자. 그러면 우선 주인공, 즉 플레이어부터 만들어야 해. 플레이어는 어떤 데이터를 갖고 있을까? 예를 들어 볼게.

유명인 대전 게임 플레이어

플레이어 이름	빌 게이츠
체력	85
스킬	프로그래머

플레이어의 데이터를 자바스크립트로 표현해 볼게. 앞으로는 표가 아니라 자바스크립트로 표현할 테니 참고하고!

```
const player = {
  name: "Bill Gates",   ← 자바스크립트로 표현
  health: 85,
  skill: "Programmer",
};
```

이 게임에서 플레이어를 딱 1명만 만들 계획이라면 이렇게 코딩해도 상관없어. 하지만 보통 게임에서는 그런 경우는 거의 없어. 플레이어를 3명으로 계획했다고 가정하자. 그럼 다음처럼 플레이어의 데이터를 프로그래밍할 수 있을 거야.

```js
const player_1 = {
  name: "Bill Gates",    // 빌 게이츠 플레이어
  health: 85,
  skill: "Programmer",
};                        // 각각 따로 쓰니 비효율적!
const player_2 = {
  name: "Elon Musk",     // 일론 머스크 플레이어
  health: 90,
  skill: "Tesla",
};
const player_3 = {
  name: "Warren Buffett", // 워런 버핏 플레이어
  health: 100,
  skill: "Investor",
};
```

그런데 코드를 보면 어때? 뭔가 비효율적이라는 느낌이 들 거야. 잘 보면 플레이어는 모두 name, health, skill이라는 **같은 속성**을 가졌어. 이 구조를 유지하면 어떻게 될까? 어떤 플레이어는 health 속성을 까먹고 입력하지 않을 수도 있고, 다음처럼 오타를 낼 수도 있을 거야. 즉, 구조를 어떻게 해야 할지 고민할 거야.

```
(... 생략 ...)
const player_98 = {
  name: "Kakao",
  haelth: 105,
  skill: "Chatting",
};
```

e와 a의 위치가 바뀐 오타!

앞에서 보듯 일일이 코딩하는 방법은 좋지 않아. 또, 캐릭터에 xp와 같은 새 속성을 추가하고 싶어진다면 더 골치 아파져.

만약 플레이어를 98개 코딩했는데 한 플레이어에 xp를 추가하고 싶다면 나머지 97개의 플레이어에도 같은 작업을 해야 해. ▶ xp는 게임 용어로 경험치를 말해.
끔찍하군!

```
(... 생략 ...)
const player_98 = {
  name: "Kakao",
  health: 105,
  xp: 80,
  skill: "Chatting",
};
```

플레이어가 98개이므로 xp를 추가하고 싶으면 같은 작업을 97번 해야 함!

짜잔~ 플레이어 공장, 클래스 등장!

이런 사태를 피할 수 있도록 플레이어 공장이 등장해. 플레이어를 인형처럼 팡팡 찍어 주는 공장! 쉽게 말해 우리가 재료만 공장에 넣어 주면 나머지 코드는 공장이 알아서 찍는 거야. 예를 들어 공장에 name, health, xp, skill의 값만 넣으면 나머지 코드는 공장이 찍는 거지.

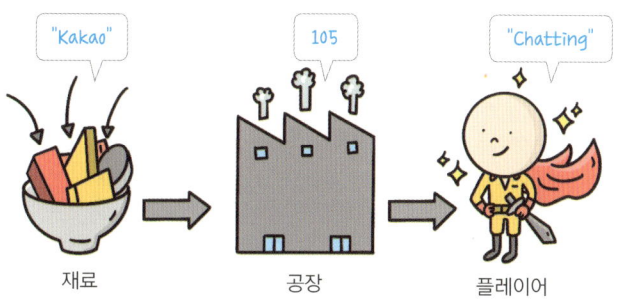

재료를 공장에 넣으면 플레이어가 뿅!

이렇게 하면 코드를 손으로 직접 입력하는 양도 줄고, 속성도 오타가 나지 않도록 피할 수 있을 거야. 그리고 새 속성을 부여할 때는 공장에 알려 주기만 하면 되는 거지. 바로 이런 자연스런 생각이 객체 지향 프로그래밍의 클래스 (class)라는 개념이야. 실제로 클래스는 속성은 같지만 데이터는 다른 녀석들을 위한 공장 같은 거야. 예를 들어 앞에서 사용한 코드는 클래스를 사용해서 다음과 같이 개선할 수 있어.

```
플레이어 공장, 클래스
class Player {
  constructor(name, health, skill) {    여기로 재료가 들어가!
    this.name = name;
    this.health = health;
    this.skill = skill;
    this.xp = 0;    xp는 기본값이 0이므로
  }                  재료로 받을 필요는 없어!
}                    공장에서 기본 제공하는 거지!
```

지금 보는 코드는 자바스크립트로 구현한 Player 클래스인데 아까 말한 공장 역할을 해. 이 공장을 이용하면 플레이어를 다음처럼 생성할 수 있어.

▶ 자바스크립트 문법을 모른다고 너무 실망하지마. 지금은 흐름만 볼 줄 알면 돼!

```
const bill = new Player("Bill Gates", 85, "Programmer")
const elon = new Player("Elon Musk", 90, "Tesla")
const warren = new Player("Warren Buffett", 100, "Investor")
```

new Player(…)가 보이지? 이게 바로 공장에 재료를 넣는 코드야. 아까 Player 클래스를 보면 constructor라는 것이 있는데, 바로 거기에 재료를 넣어 주는 코드인 거지! 그리고 xp의 경우 모든 플레이어가 똑같은 값으로 시작하는 요소여서 재료로 받는 것이 아니라 처음부터 constructor에서 0으로 설정하도록 했어. 정말 편리해 보이지? 아까 보여 준 그림으로 이 관계를 다시 설명하면 다음과 같아.

지금까지 객체 지향 프로그래밍의 클래스 개념을 설명했어. 여기서 잠깐 설명을 멈추고, 다음으로 객체 지향 프로그래밍의 또 다른 주요 개념인 상속을 알아보자.

에피소드 37

객체 지향 프로그래밍이 뭐죠? ②

#상속 #효율성_코드_높음 #심즈_게임으로_배우는_상속

이번에는 상속을 이야기할 차례야. 상속은 바로 앞에서 공부한 클래스와 관련 있는데, 이 역시도 코드의 효율성을 높여 주는 개념이야.

이름 그대로 상속해 주는 개념, 상속

상속은 말 그대로 상속이야. '재산을 상속한다'라고 하면 부모가 자식에게 재산을 물려 주는 것을 생각하지? 객체 지향 프로그래밍에서 상속도 마찬가지야. 게임을 예로 들어 하나씩 알아보자. 이번에는 〈심즈(The Sims)〉와 같은 시뮬레이션 게임을 가정해 볼게.

〈심즈〉 게임을 만들며 배우는 상속

〈심즈〉 게임 알아? 사람들이 살아가는 현실을 만들어 가는 게임이야. 그래서 기본적으로 인간이 필요해. 그런데 인간은 아기, 청소년, 성인과 같이 여러 단계를 거치면서 특징이나 성격이 달라지지? 그것을 클래스의 상속으로 표현해 볼 거야. 우선 성인, 청소년, 아기 클래스를 보여 줄게.

```
class Human {
  constructor(name) {
    this.name = name;
    this.arms = 2;
    this.legs = 2;
  }
}
class Teenager {
  constructor(name) {
    this.name = name;
    this.arms = 2;
    this.legs = 2;
    this.emotional = true;
  }
  curse( ) {
    return `%^$#QE!@#`;
  }
}
class Baby {
  constructor(name) {
    this.name = name;
    this.arms = 2;
    this.legs = 2;
    this.cute = true;
  }
  cry( ) {
    return `waa waa`;
  }
}
```

> Human 클래스!
> 이름, 팔 2개, 다리 2개 있음!

> Teenager 클래스!
> 이름, 팔 2개, 다리 2개에 감정적이고 친구를 욕하는 기능이 있음!

> name, arms, legs는 중복됨!

> Baby 클래스!
> 이름, 팔 2개, 다리 2개에 귀엽고 '으앙' 하고 우는 기능이 있음!

이 코드를 보면 어때? 여기서도 코드 중복 문제가 생겨. **물론 성인, 청소년, 아기는 엄연히 다르지만 결국은 인간이야.** 이름이 있고, 팔과 다리가 각각 2개씩 있지. 약간 다르지만 이렇게 중복되는 걸 해결하고 싶을 거야. 여러분이 개발자라면 말이지! 그리고 바로 이때 상속이 등장해!

짜잔, 상속 등장!

중복을 해결하는 방법은 기본이 되는 Human 클래스를 나머지 클래스에 상속시키면 돼. 상속을 이용하면 Human 클래스의 기본 속성은 다 가지면서도 자신만의 속성을 추가할 수 있어. 실제 인간처럼 말이지!

```
class Teenager extends Human {
  constructor(name){
    this.emotional = true;
  }
  curse( ){
    return `%^$#QE!@#`;
  }
}
class Baby extends Human {
  constructor(name){
    this.cute = true;
  }
  cry( ){
    return `waa waa`;
  }
}
```

성인을 상속받은 Teenager 클래스!
Human 클래스의 기본 속성은 다 상속받았으니 감정, 욕설 기능만 추가하면 됨

성인을 상속받은 Baby 클래스!
Human 클래스의 기본 속성은 다 상속받았으니 귀여움, 울기 기능만 추가하면 됨

코드를 보면 기존보다 양이 훨씬 줄어들었고, 의미도 더 명확하게 바뀌었어. 이렇게만 해도 객체 지향 프로그래밍이 왜 유행을 탔는지 알 수 있을 거야. 여기서 소개한 객체 지향 프로그래밍은 아주 기초이고, 일부만 보여 준 것이니까 더 자세히 공부하고 싶다면 책이나 인터넷을 검색해 봐! 여러분에게 객체 지향 프로그래밍의 유용한 점을 보여 주고 싶었어. 이해가 잘 됐다면 그걸로 만족! 그럼 객체 지향 프로그래밍 이야기는 여기서 마치자.

38
에피소드

함수형 프로그래밍이 뭐죠?

#선언형_프로그래밍 #명령형_프로그래밍 #버그가_숨기_어려운_구조 #알면_개이득

개발자라면 반드시 함수형 프로그래밍을 배워야 한다고 생각해. 함수형 프로그래밍은 객체 지향 프로그래밍과 마찬가지로 프로그래밍 패러다임 중 하나야. 함수형 프로그래밍을 배워야 하는 이유를 딱 하나만 설명하자면 '버그가 발생하기 어려운 구조'라서 개발자에게 매우 유용하기 때문이야. 개발자에게 버그가 얼마나 골치 아픈 녀석인지 알지? 그런 버그가 숨기 어려운 구조여서 함수형 프로그래밍을 배운다면? 여러분의 인생은 아주 크게 달라질 거야.

▶ 함수형 프로그래밍을 지원하는 언어로 자바, 자바스크립트, 파이썬 등이 있어.

샌드위치 만들기로 배우는 함수형 프로그래밍

함수형 프로그래밍을 설명하려면 프로그래밍 패러다임의 큰 갈래인 선언형 프로그래밍과 명령형 프로그래밍을 먼저 설명해야 해. 여기서는 이 녀석들을 샌드위치 만들기에 비유하면서 함수형 프로그래밍이 무엇인지 설명해 줄게.

▶ 프로그래밍 패러다임은 여러 갈래가 있고 그중에 객체 지향 프로그래밍, 절차 지향 프로그래밍, 함수형 프로그래밍이 있어.

선언형, 명령형 프로그래밍의 차이

선언형 프로그래밍은 샌드위치를 만들 때 이렇게 해.

- BLT 샌드위치를 만들어 줘!

 ▶ BLT란 베이컨의 bacon, 양상추의 lettuce, 토마토의 tomato에서 머리글자를 따서 만든 줄임말이야.

이게 대관절 무슨 말이냐 하면 **선언형 프로그래밍은 원하는 결괏값을 선언한다**는 거야. 반대로 명령형 프로그래밍에서는 그냥 샌드위치를 만들어 달라고 하지 않아. 이렇게 하지.

① 토스트 빵 2개를 꺼내서 구워라!
② 양상추 2~3장 씻고, 토마토 얇게 썰어서 2조각 준비하고, 구운 베이컨 3개를 준비해라!
③ ①의 토스트 빵 1개 위에 ②의 재료를 쌓은 다음, 나머지 토스트 빵 1개로 덮어라!

명령형 프로그래밍은 원하는 결괏값에 어떻게 도달하는지 선언해. "BLT 샌드위치를 만들어 줘!"라고 하는 게 아니라, 샌드위치를 만드는 단계를 다 알려 주는 거지.

선언형 프로그래밍의 대표적인 예는 CSS야. 예를 들어 배경색을 변경하고 싶으면 다음처럼 코드를 작성하지?

```
body { background-color: pink }
```

이 코드는 원하는 결과물인 '배경색을 분홍색으로 하라'라고 적었을 뿐이고, '배경색을 바꾸려면 무슨무슨 작업을 하라'와 같은 내용은 없어. 그런 건 브라우저가 알아서 하지. 이제 코드를 보면서 선언형 프로그래밍, 명령형 프로그래밍을 구체적으로 알아보자.

자바스크립트로 보는 명령형 프로그래밍과 선언형 프로그래밍의 차이

여러분이 어떤 코드를 작성한다고 생각해 보자. 그때 선언형 프로그래밍과 명령형 프로그래밍은 어떻게 다를까? 우선 텍스트에서 공백을 ♡로 바꾸는 코드를 작성한다고 해보자. 그리고 명령형 프로그래밍부터 어떻게 이 목표를 달성하는지 보자.

명령형 프로그래밍 — 공백을 ♡로 바꾸기

```javascript
function spaceToHeart(text) {      // text를 가져와.
  let result = "";
  for (let i = 0; i < text.length; i++) {   // 글자를 1개씩 다 비교해.
    if (text[i] === " ") {
      result += "♡";               // 만약 공백이면 ♡로 교체해.
    } else {
      result += text[i];           // 공백이 아니면 패스해.
    }
  }
  return result;
}
```

이처럼 명령형 프로그래밍은 입력한 text의 글자를 1개씩 모두 비교하면서 공백이면 ♡로, 공백이 아니면 result에 이어 붙이도록 코드를 작성해. 말 그대로 텍스트의 공백을 어떻게 해야 하는지를 하나씩 알려 주지. 반면 선언형 프로그래밍은 이런 거야.

선언형 프로그래밍 — 공백을 ♡로 바꾸기

```
function spaceToHeart(text) {
  return text.replaceAll(" ", "♡");
}
```

코드를 보면, 바꾸고 싶은 text를 spaceToHeart 함수에 넣어 주면 text의 공백을 replaceAll로 ♡라고 교체하는 것 말고는 없어. text로 replaceAll이 실제 어떤 작업을 하는지는 선언형 프로그래밍으로선 중요하지 않아. 물론 replaceAll은 명령형 프로그래밍으로 작성되어 있을 거야. 그래서 모든 선언형 프로그래밍은 명령형 프로그래밍 위에 쓴다고 이야기할 수도 있어.

정리하자면, 명령형 프로그래밍은 할 일을 세세하게 지시할 수 있는 대신 개발자가 실수하기 쉽고, 여러분이 작성한 코드를 동료가 이해하기 어렵다는 특징이 있어. 반면 선언형 프로그래밍은 결과 중심으로 코드를 작성하니 실수도 적고, 동료가 코드를 이해하기도 쉬워.

홀수를 제거하는 코드를 함수형 프로그래밍으로 작성해 보기

마지막으로 함수형 프로그래밍으로 홀수를 제거하는 코드를 작성해 보면서 함수형 프로그래밍이 무엇인지 슬쩍 엿보자.

```
function checkForOdd(item) {
  return item % 2 === 0;
}

function removeOdd(items) {
  reutrn items.filter(checkForOdd);
}
```

checkForOdd라는 함수를 인자로 보냈네!

주목해야 할 것은 filter의 인자로 checkForOdd라는 함수를 보냈다는 거야. 이게 바로 함수형 프로그래밍에서 자주 쓰는 방식이지. 이렇게 함수형 프로그래밍은 함수 중심으로 코드를 적는 방식으로 선언형 프로그래밍 콘셉트를 유지해.

어때? 이제 선언형 프로그래밍과 함수형 프로그래밍이 무엇인지 알겠지?

 **IT 쿠키 상식** | 개발자의 번아웃, 이렇게 대처해 봐!

이번 주제는 번아웃에 관한 이야기인데, 일하거나 공부하는 사람 누구라도 만나는 녀석이지. 번아웃이 오면 아무것도 안 해도 피곤해. 육체적으로도 정신적으로도 그저 피곤하기만 하고, 재밌다고 생각하면서 열심히 했던 일조차 전부 노잼인 상태가 되지. 번아웃은 미리 예방해야 해. 번아웃이 왔다고 스스로 느낄 정도가 되면 그땐 너무 늦은 거야. 여기서는 나의 번아웃 예방 팁을 알려 줄게.

예방 팁 1. 휴식 시간을 가져라

코딩이 언제나 즐겁기만 할 수는 없어. 개발자라 해서 코딩을 꼭 취미로 해야 하는 것도 아니야. 물론 어떤 개발자는 취미로 코딩을 하기도 해. 만들어 보고 싶은 프로그램이 있으면 주말에 시간을 내서 즐겁게 코딩을 하는 거야. 하지만 모든 사람이 그럴 필요는 없어. 코딩이 항상 흥미진진하고 즐겁지 않을 수도 있어.

코딩이 항상 즐거울 순 없어, 힘들 때도 있지

개발자들은 유난히 이런 현상에 잘 대처하지 못하는 것 같아. 왠지 컴퓨터와 항상 함께해야 할 것만 같다는 생각 때문이지. 하지만 전혀 그렇지 않아. 개발자도 컴퓨터 앞에서 잠시 멀어져서 제대로 휴식을 취할 수 있어야 해.

🍪 예방 팁 2. 일하는 시간을 제한하라

번아웃을 예방하는 두 번째 팁은 일하는 스케줄에 시간 제한을 두는 거야. 개발자는 컴퓨터만 있으면 식탁, 소파, 침대 어디서든 일할 수 있어서 시간에 제한을 두는 것이 매우 중요해. 휴가를 계획하면서 '컴퓨터를 가져가지 말자'라고 생각했어. 그렇게 마음먹으니까 휴가를 가기 전에 정말 집중해서, 효율적으로 일할 수 있었어.

🍪 예방 팁 3. 몸을 움직이고 건강한 음식으로 활력을 찾아라

마지막 번아웃 예방 팁은 바로 운동과 음식이야. 많은 개발자들이 운동과 음식의 중요성을 무시해. 개발자의 주요 업무는 앉아서 손가락으로 타이핑하는 일이 99%지? 이런 개발자의 모습을 '뇌 운동한다'라고 좋게 이야기할 수도 있겠지만, 사실 그건 핑계라는 걸 알잖아?

그리고 건강한 음식도 중요해. 떡볶이, 피자, 햄버거 다 맛있긴 하지. 하지만 효율적으로 일하고 싶다면 몸에 부담을 주는 음식은 멀리하는 게 좋아. 소화시키는 데 필요한 에너지가 너무 많이 필요해서 실제로 피곤하게 만들거든.

여기까지 내가 시도해 보고 좋았던 팁을 공유해 보았는데, 뭐 이미 다들 아는 내용일 수 있어. 운동하고 잘 먹고… 되게 뻔한 이야기이긴 한데, 그래서 간과하기 쉽잖아. 번아웃을 예방하는 가장 좋은 방법은 스스로 건강을 챙기는 거라고 생각해. 건강한 몸에서 건강한 정신이 나온다는 말도 있잖아?

마당
05

코딩별 안내서 — 최신 기술 편

> 코딩별 '인싸'되는
> 최신 기술들

여기서는 비교적 최신 기술을 소개할 거야. REST API, 도커, 암호화폐, 하이브리드 앱 등 모르면 아쉬운 내용 말야! 여기까지 읽었다면 여러분은 어느새 코딩별의 인싸가 되어 있을 거야. 그럼 마지막까지 가보자!

39
에피소드

인공지능, 머신러닝, 딥러닝, 아직도 구분하기 힘들다고?

40
에피소드

REST API라니, 휴식 API인가? 이게 대체 뭐죠?

41
에피소드

도커가 뭐지? 왜 필요할까?

42
에피소드

암호화폐의 진실

43
에피소드

하이브리드… 앱? 뭐라고요?

44
에피소드

NFT가 도대체 뭐길래?

45
에피소드

멀웨어, 바이러스, 웜 개념 몽땅 정리

에피소드 39

인공지능, 머신러닝, 딥러닝, 아직도 구분하기 힘들다고?

#머신러닝과_딥러닝_다름 #인공지능_만드는_방법 #AI
#지도_학습 #비지도_학습 #기계_학습 #인공지능_종류

다들 알다시피 에이아이(AI)는 artificial intelligence의 줄임말로 인공지능을 뜻하지. 어렸을 때 〈AI〉라는 영화를 봤는데 아주 재미있었어. 인공지능을 주제로 한 영화는 많지? 그만큼 인공지능은 사람들에게 매력적이고 궁금한 녀석인 거지.

영화 〈바이센테니얼 맨〉의 한 장면

그리고 최근, 아니 이 세계에서는 좀 오래되었지? 인공지능과 함께 머신러닝, 딥러닝이라는 기술도 떠올랐어! 그런데 머신러닝과 딥러닝을 똑같다고 생각하는 사람이 있더라고?! 한숨이 절로 나오지 뭐야. 절대로 똑같다고 할 수 없는데 말이지. 이번에는 바로 그 이야기를 하려고 해. 인공지능, 머신러닝, 딥러닝이 어떻게 다른지 알려 줄게.

인공지능에도 급이 있다?

인공지능은 좁은 인공지능과 일반 인공지능 이렇게 2가지로 나눌 수 있어.

사람처럼 행동하는 인공지능, 일반 인공지능

우리가 영화나 드라마에서 자주 접한 인공지능은 일반 인공지능에 속하지. 일반 인공지능은 인간의 행동을 대부분 할 수 있거나 인간보다 능력이 더 뛰어났을 때를 말해.

쉽게 말해 대화도, 게임도, 판단도 내릴 수 있는 인공지능을 일반 인공지능이라고 해. 그리고 이런 인공지능은? 현실에 없어. 지금 기술로는 일반 인공지능을 만들 수 없거든!

▶ 참고로 좁은 인공지능(narrow AI)은 약한 인공지능(weak AI)이라고도 해. 또한 일반 인공지능(general AI)은 강한 인공지능(strong AI)이라고도 하지.

바둑만 잘하는 좁은 인공지능

한 가지만 잘하는 인공지능, 좁은 인공지능

실제 현실에서 딥러닝이나 머신러닝으로 만드는 인공지능은 대부분 좁은 인공지능이야. 좁은 인공지능은 몇 가지 일만 할 줄 알아. 다만 그것을 탁월하게 잘하는 거지.

좁은 인공지능은 우리 주변에서 많이 찾아볼 수 있어. 페이스북의 얼굴 인식 기능을 예로 들 수 있지. 페이스북에 사진을 업로드하면 얼굴 부분만 표시해서 보여 주지? 사람 이름을 태그할 수도 있고. 이건 좁은 인공지능이 있기에 가능한 기능이야. 스마트폰에 있는 빅스비(Bixby)나 시리(Siri) 같은 음성 인식 기술도 마찬가지야! 하지만 좁은 인공지능은 한정된 영역에서만 동작한다는 특징이 있고, 현재 인공지능 기술의 위치는 여기야.

그런데 머신러닝, 딥러닝은 대체 뭘까? **그건 바로 이런 인공지능이 학습하는 방식 또는 인공지능을 학습시키는 방식을 말해.**

머신러닝은 인공지능을 학습시키는 방법

머신러닝은 아까 말한 것처럼 인공지능을 학습시키는 방법이야. 사람 입장에서는 기계를 학습시켜야 인공지능이 만들어지는 거잖아? 기계를 학습시켜야 그 기계들이 음성을 인식하든지, 사진을 인식하든지 할 수 있는 것이고. 그래야 인공지능을 만들었다고 할 수 있는 거니까.

기계는 직접 가르칠 수도 있고, 알아서 배우게 할 수도 있다

그래서 기계를 어떻게 가르칠 수 있을까? 다양한 방법이 있는데 가장 유명한 2가지 방식을 알려 줄게. 하나는 **지도 학습**(supervised learning)이고, 다른 하나는 **비지도 학습**(unsupervised learning)이야. 음식 사진을 찍었을 때 핫도그인지 아닌지 판별하는 앱이 있다고 해보자. 만약 이 앱을 지도 학습 방식으로 만든다면 어떻게 해야 할까?

지도 학습으로 핫도그 판별 인공지능 만들기

우선 핫도그의 특징을 구분할 거야. 핫도그에는 어떤 특징이 있지?

핫도그의 특징

- 소시지가 있다.
- 형태는 길쭉하다.
- 보통 소스가 뿌려져 있다.

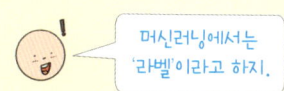
머신러닝에서는 '라벨'이라고 하지.

이러한 특징을 머신러닝에서는 라벨(label)이라고 해. 이 라벨을 토대로 기계에게 핫도그가 무엇인지를 여러 예를 통해 학습시키는 거야. 이를테면 핫도그 사진과 다른 사물 사진 100장을 준비해서 핫도그 라벨에 부합하면 '핫도그', 아니면 '핫도그 아님' 이렇게 기계에게 알려 주는 것이지. 학습이 끝나면? 그때부터는 새로운 음식 사진을 보고 기계가 판단할 수 있어. 아마 기계는 이렇게 답할 거야.

"지금까지 내가 알고 있는 정보에 따르면
이 음식은 라벨의 60% 정도만 부합하므로
핫도그일 확률은 60% 정도이다."

이렇게 기계 자율로 판단하지 않고 **인간이 기계에게 준 라벨을 토대로 학습해서 대답하는 거야!** 음악 추천 시스템을 생각해 봐. 아티스트, 장르, 음악 빠르기, 사용한 악기 등과 같은 라벨과 지금까지 내가 들은 음악 데이터만 있으면 기계에게 내가 좋아하는 음악이 무엇인지 학습시킬 수 있는 거지. 그러면 새 음악이 나왔을 때 기계는 내가 좋아할지 싫어할지 계산해서 확률이 높으면 추천해 주는 거지. 이것이 바로 지도 학습 방식이야!

비지도 학습으로 핫도그 판별 인공지능 만들기

반대로 비지도 학습에서는 라벨이 없는 데이터를 주는 거야. 다시 핫도그 예시로 돌아가 볼까? 지도 학습에서는 핫도그의 특징을 알려 주고 사진을 미리 보여 줬어. 하지만 비지도 학습에서는 기계에게 정답을 미리 알려 주지 않고 그냥 핫도그 사진만 수만 장 주는 거야. 그러면 기계는 스스로 어떤 게 핫도그인지 알아차리지. 기계는 사진 수만 장과 엄청난 프로세싱 파워를 바탕으로 어떤 게 핫도그인지 스스로 그 특징을 찾아서 학습하지. 말 그대로 직접 가르치지 않는 학습, 바로 비지도 학습 방식이지.

머신러닝의 하위 개념, 딥러닝

마지막으로 딥러닝 이야기를 해볼까? 딥러닝은 머신러닝을 달성하기 위한 방법이야. 딥러닝에 '러닝'이라는 글자가 있어서 흔히 딥러닝과 머신러닝이 대등한 관계라고 오해하는 사람이 있어. 그런데 딥러닝은 그저 머신러닝의 하위 개념일 뿐이야. 이 녀석을 딥러닝이라고 하는 이유는 실제로 구현하는 과정에서 여러 겹으로 층을 만들기 때문이야.

▶ 딥러닝을 대표하는 알고리즘으로 뉴럴 네트워크(neural network)가 있어. 이 알고리즘은 생물의 신경망에서 영감을 얻어 고안했다고도 해.

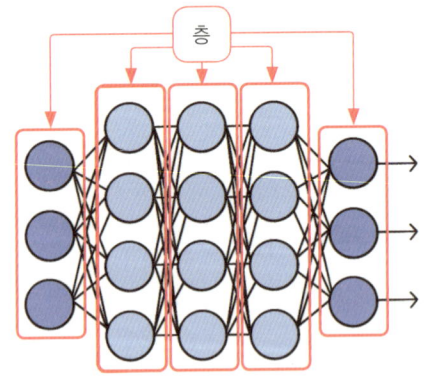

여러 층으로 깊이(deep) 학습하는 딥러닝

그림을 보면 동그라미와 선으로 연결되어 있지? 딥러닝을 추상화한 그림인데 동그라미, 선이 모두 코드로 구현돼. 그리고 세로 열로 묶은 것을 층이라고 해. 여기에서는 층이 5개인데 이건 예를 든 것이라 5개밖에 안 되지만 딥러닝은 이런 층이 엄청나게 많아! 다시 말해 층이 굉장히 깊어(deep). 그래서 딥러닝이라고 하는 거야.

딥러닝은 이 정도만 설명할게. 왜냐하면 머신러닝 개발자가 아닌 여러분에게 딥러닝을 깊게 설명하는 건 적합하지 않거든. 여기서는 '딥러닝은 엄청나게 많은 층으로 구성되어 있는 머신러닝의 한 종류다' 이렇게만 알아 두고 넘어가자.

인공지능, 머신러닝, 딥러닝 정리하기

자, 이번엔 거꾸로 올라가면서 요약해 보자. 딥러닝은 머신러닝의 하나이고, 머신러닝은 인공지능을 만드는 데 필요한 방법이야. 그러면 머신러닝이나 딥러닝은 어떻게 배울 수 있을까?

요즘 머신러닝을 배울 수 있는 가장 쉬운 방법은 파이썬을 이용하는 거야. 파이썬을 공부했고, 또 다룰 줄도 안다면 텐서플로(Tensor Flow)를 공부해 봐. 인공지능을 개발하는 도구로 가장 유명한 프레임워크가 바로 텐서플로거든. 텐서플로는 파이썬으로 다루기 좋은 프레임워크야.

▶ 텐서플로는 C++이나 Go 등 다른 언어로도 다룰 수 있어.

이제 인공지능과 머신러닝, 그리고 딥러닝을 구분할 수 있겠지? 뉴비(new visitor)들을 위해 최대한 쉽게 설명했어.

에피소드 40

REST API라니, 휴식 API인가? 이게 대체 뭐죠?

#휴식_아님 #API를_만드는_방법 #영화_API_만들기
#조회_생성_수정_삭제 #URL #HTTP 메서드 #쿼리 파라미터

웹 개발을 어느 정도 공부한 사람이라면 REST API라는 용어를 들어 본 적이 있을 거야. rest가 '쉬다'를 뜻해서 '휴식'을 연상하기 쉬운데 전혀 그렇지 않아. 여기서는 웹 개발자라면 한 번 정도 만드는 REST API를 알아볼게.

▶ REST API는 레스트 에이피아이라고 읽어.

영화 REST API를 만드는 과정으로 이해하는 REST API

REST API는 말 그대로 API의 한 종류야. API는 앞에서 공부했으니 REST가 무엇인지만 알면 되겠지? REST는 representational state transfer의 줄임말인데, 이 용어의 뜻을 이해하는 것보다는 이 녀석의 본질을 이해하는 것이 더 중요해.

이 녀석의 본질은 어떤 설계 규칙이야. 즉! REST API는 REST 방식으로 설계한 API를 말하고 그 이상도 그 이하도 아니야. 여기서는 REST API를 만드는 방법을 소개하면서 REST API가 무엇인지 설명할게.

▶ REST는 설계 철학이야. 자세히 설명하자면 분량이 많이 필요해서 여기서는 여러분이 이해할 수 있을 정도만 간단히 설명할게.

1단계. REST 없이 영화 API 설계하기

여기서는 영화 정보를 저장하고, 읽어 들이고, 수정하고, 삭제하는 영화 API를 만든다고 가정해 보자. 일단 깊이 생각하지 말고 영화 〈인셉션〉을 예로 들어 URL을 대충 설계하면 다음과 같을 거야.

〈인셉션〉으로 영화 URL 설계하기

- 영화 정보 생성: /createMovie
- 모든 영화 정보 조회: /seeMovies
- 특정 영화 정보 조회(영화 〈인셉션〉): /getMovie/inception
- 특정 영화 정보 삭제(영화 〈인셉션〉): /deleteMovie/inception
- 특정 영화 정보 수정(영화 〈인셉션〉): /editMovie/inception

근데 이 URL에는 패턴이 없다는 문제가 있어. 예를 들어 모든 영화 정보 조회인 /seeMovies는 see로 시작하지? 그런데 특정 영화 정보 조회인 /getMovie는 get으로 시작해. 두 API 모두 영화 정보를 읽는 기능을 하는데 단어는 see, get으로 다른 거야. 단어를 혼용해서 API를 설계한 상황이지.

단어를 혼용하면 무슨 문제가 되냐고? 문제가 돼. 왜냐하면 이렇게 설계된 API로 여러분 팀원이 백엔드, 프런트엔드 작업을 할 것이거든. 이런 설계는 피해야 해. 어떤 사람이 실수로 getMovie를 seeMovie로 입력했다면? 그 단어가 들어간 코드 조각이 수십 개라면? 상상하기도 싫군! 그럼 어떻게 설계해야 할까?

2단계. URL에서 동사 제외하기

우선 동사를 사용하면 안 돼. 앞에서 보여 준 API에서 see, create 같은 동사를 아예 삭제하라는 뜻이야. 그러면 다음과 같이 API에 명사만 남겠지?

동사를 삭제해서 명사만 남은 API

- 모든 영화 정보 조회: /movies
- 특정 영화 정보 조회: /movies/inception

흠, 그런데 동사를 사용하면 안 된다고 했으니 데이터 삭제와 같은 녀석을 위한 URL이 고민될 거야. 이때는 HTTP 메서드라는 것을 활용하면 돼.

3단계. HTTP 메서드 도입하기

HTTP 메서드란 웹 기술을 뜻하는데, 쉽게 말해 같은 URL로 백엔드에서 다른 처리를 할 수 있도록 일종의 갈림길을 만들어 주는 녀석이야. 대표적으로 GET, POST, PUT, DELETE가 있어. 검색하면 더 많은 HTTP 메서드가 나올 거야. 아무튼 핵심은 이 기술로 같은 URL에 갈림길을 만들어 줄 수 있다는 거지!

이를 테면 /movies/inception이라는 URL로 API를 요청할 때 '나는 GET 방식으로 API를 요청하겠다'라고 하면, 백엔드에서는 데이터를 조회하는 작업을 진행하는 거야. 다른 방식을 사용하면? 다음처럼 조회를 포함하여 백엔드에 4가지 작업을 지시할 수 있게 되겠지!

API로 백엔드에 지시하는 4가지 작업

- GET(조회)   /movies/inception
- POST(생성)   /movies/inception
- PUT(수정)   /movies/inception
- DELETE(삭제) /movies/inception

그리고 이 HTTP 메서드는 다 사용할 필요가 없어. 이를테면 /movies는 DELETE, UPDATE를 요청하는 경우가 없을 거야. 영화 정보를 전부 삭제하거나 수정하진 않을 테니까!

아무튼 이렇게 동사를 사용하지 않음으로써 얻는 장점이 무엇일까? URL이 단순하게 바뀐다는 거야! 특정 영화 정보의 조회, 생성, 수정, 삭제를 URL 1개로 모두 할 수 있는 거지. 그리고 기능을 확장하기도 좋아져. 예를 들어 영화 〈인셉션〉의 배우 정보를 조회하는 API는 다음처럼 설계하면 돼.

- GET /movies/inception/actors   아! 이 URL은 GET 방식으로 요청한 것이니 영화 〈인셉션〉의 배우 정보 조회 작업을 하면 되겠구나!

이 역시도 URL은 1개만 두고 HTTP 메서드만 적용해서 데이터의 조회, 생성, 수정, 삭제 기능을 개발할 수 있을 거야. 맨 처음 방식보다 이해하기 쉽지? 복잡하지도 않고 말야.

4단계. 쿼리 도입하기

그럼 평점 9.8점 영화를 조회하려면 어떻게 설계해야 할까? 이건 명사나 HTTP 메서드만으로는 설계하기 어려워. 그럴 때는 다음처럼 쿼리 파라미터를 사용하면 돼.

쿼리 파라미터로 평점 9.8점 영화 조회하기, 2022년 영화 조회하기

- GET /movies?min+rating=9.8
- GET /movies?release_date=2022

처음에 혼란스럽던 API가 이해하기 쉽고 확장성까지 좋은 REST API로 바뀌는 모습을 보여 줬어. 어때? 이론으로만 공부하는 것보다 이게 훨씬 이해하기 쉽지?

41 에피소드

도커가 뭐지? 왜 필요할까?

#개발자_이사_도구 #완전_편함 #컨테이너 #개발_환경

혹시 도커(docker)라는 개발 도구를 들어 본 적 있어? 이제 도커는 개발자라면 꼭 알아야 하는 도구가 되었어. 그런데 도커를 배우는 것도 중요하지만, 사람들이 왜 도커를 배우려고 하는지가 더 중요해. 왜냐하면 도커는 개발 문화에 정말 큰 영향을 끼친 도구거든.

도커 로고

그러니까 이번 시간에는 도커가 무엇이고 왜 필요한지를 알아보자.
이 정도만 미리 알아 두어도 나중에 도커가 필요한 상황이 되면 '아! 그때 도커를 쓰면 된다고 했지'라고 생각나면서 문제를 쉽게 해결할 수 있을 테니까 말야.

개발 환경 준비로 고생하는 사람들을 획기적으로 도와주는 도구, 도커

도커는 개발 환경과 관련이 있어. 뭔가 개발을 하려면 그에 필요한 것을 준비해야 해. 알지? 파이썬을 설치하는 그런 작업 말이야. 그런데 개발 환경 준비는 경우에 따라 하루 이상, 며칠이 걸릴 수도 있어. 이사할 때처럼 말이지. 개발자에게 개발 환경 준비는 정말 큰일이야.

그런데 도커는 이런 상황에서 어떤 문제를 해결해 줄까? 도커는 개발 환경이 맞지 않은 상황 또는 개발 환경이 변경되었을 때 유연하게 대처할 수 있게 해줘. 이렇게 설명하면 상상하기 쉽지 않을 될 테니 예를 한번 들어 볼게.

이사하는 것처럼 개발 환경을 준비하는 건 어려워.

여러분이 열심히 일해서 금요일 저녁에 개발을 마쳤다고 해보자. 이제 애플리케이션을 서버에 올리기만 하면 되는 거지. 일도 끝냈겠다 업로드하고 잘 실행되는지 확인만 하면 친구들과 삼겹살에 소주 한잔 할 수 있는 상황인데, 코드가 서버에서 제대로 실행되지 않네? 결국 약속도 접고 어떤 문제 때문인지 한참 알아봤어. 코드가 실행되지 않은 이유는, 개발할 때 운영체제는 윈도우인데 애플리케이션을 구동해야 하는 서버의 운영체제가 리눅스였기 때문이었어. 바로 이때 도커가 등장해.

도커는 이런 문제를 대체 어떻게 해결하지?

도커는 어떤 컴퓨터에서도 같은 개발 환경을 준비할 수 있도록 해주는 도구야. 운영체제가 서로 다른 상황을 도커가 어떻게 해결하는지 얘기해 줄게. 먼저 윈도우에도, 서버에도 도커를 설치해. 그리고 도커 파일이라는 것을 생성하는데, 여기에 구현하고 싶은 환경 목록이 적혀 있어. 다음처럼 말야.

도커 파일에 적혀 있는 환경 목록

- 우분투 12 버전
- 파이썬 3.10 버전
- 깃
- (… 생략 …)

이렇게 도커 파일을 완성하고 컴퓨터(윈도우)와 서버(리눅스)에 전달하면 도커는 자동으로 그 파일을 확인하여 필요한 것을 내려받아서 설치할 거야. 만약 도커가 없다면 개발 환경은 모두 수동으로 준비해야 하지. 개발 환경 목록이 많아지고 버전이 세분화되면 사람이 수동으로 개발 환경을 준비하긴 어렵겠지? 그래서 도커가 필요한 거야!

그리고 도커가 준비한 프로그래밍 언어가 동작하는 환경을 **컨테이너**라고 해. 건설 공사장에서는 사무실을 보통 컨테이너 박스로 만들지? 공사 규모가 클수록 컨테이너 박스는 많아질 거야. 컨테이너 박스를 하나만 만들면 온갖 문서가 뒤섞일 테

컨테이너

니까 분리하는 거지. 여러분의 컴퓨터에서 여러 프로그램을 개발하고 있다면 개발 환경도 여러 종류가 필요할 거야. 도커는 그것들을 컨테이너로 나누어서 관리할 수 있어. 그 결과 개발 환경 준비를 더욱 편리하게 만들어 주지.

컨테이너 개념 알아보기

아까 설명한 것처럼 도커 컨테이너는 각각 서로 분리되어 있고 독립적이라서 컴퓨터 하나에 수많은 컨테이너가 있을 수 있어. 예를 들면 하나는 파이썬 개발을 위한 컨테이너, 다른 하나는 자바스크립트를 위한 컨테이너, 또 다른 하나는 자바를 위한 컨테이너… 이렇게 말이지. 파이썬, 자바스크립트, 자바는 한꺼번에 쓰는 일이 없으니까 이렇게 나눠서 개발 환경을 준비하는 게 좋겠지?

컨테이너를 미리 분리해서 관리하면 개발 환경이 갑작스럽게 변해도 쉽게 대처할 수 있어. 예를 들어 여러분이 만든 자바 애플리케이션의 인기가 갑자기 올라서 애플리케이션 사용량이 증가하면 자바 컨테이너의 개수를 늘리기만 하면 되는 거지. 사용량이 줄어들면 반대로 컨테이너 수를 줄이면 되고 말야.

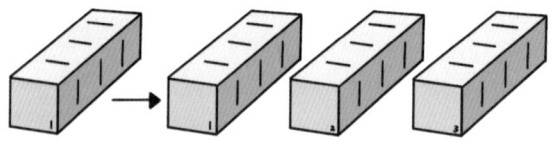

도커는 컨테이너 수를 필요한 만큼 늘려 준다!

만약 도커와 컨테이너가 없다면 사용량이 늘 때마다 서버를 구매하고, 개발 환경을 설정하고, 시작하고… 이런 반복 작업을 엄청 많이 해야 할 거야. 하지만 도커가 있다면 그렇게 하지 않아도 돼. 개발 환경을 쉽게 준비할 수 있고, 추가 개발 환경은 컨테이너를 복제하면 바로 준비할 수 있어. 이런 이유로 개발자들이 도커를 사랑하는 거야.

여기서는 도커의 큰 개념만 놓고 콘셉트를 이해할 수 있는 수준에서만 설명했어. 사실은 버추얼 머신, 스웜, 볼륨 같은 구체적인 기능이 있는데, 이 내용은 나중에 도커가 정말 필요해지면 그때 공부해도 늦지 않아. 지금은 다음 내용만 알고 넘어가자.

도커 정리하기

- 도커는 원하는 개발 환경을 도커 파일에 저장하여 준비해 준다.
- 도커가 마련한 개발 환경은 컨테이너 형태로 존재하므로 개발에 필요한 도구를 따로 모아 준비할 수도 있고, 쉽게 복제할 수도 있다.

42
에피소드

암호화폐의 진실

#디파이 #탈중앙화 #스테이블_코인 #정부_규제_불가능 #책임이_따르는_기술
#사기_감별_노하우 #해킹 #코인은_무조건_가치가_없어 #위험함_코인

암호화폐 열풍이 한창이던 때 기억해? 너도나도 암호화폐로 돈을 벌겠다고 종일 거래소를 보면서 목매는 사람이 많았어. 그런데 여러분이 앞으로 훌륭한 개발자가 되려면 암호화폐로 돈 버는 얘기보다는 암호화폐가 정말로 어떤 것인지 관심을 가져야 한다고 생각해. 여기서는 암호화폐의 특징과 장단점을 확실히 짚고 넘어갈 거야. 이와 더불어 암호화폐의 위험성도 알려 줄게. 그러면 암호화폐를 더 현명하게 대할 수 있을 거야.

비트코인

암호화폐를 정부가 규제할 수 있을까?

먼저 얘기해 볼 것은 암호화폐를 규제할 수 있는지야. 정부는 암호화폐를 규제할 수 있을까? 암호화폐는 정부가 없앨 수 없어. 왜냐고? 암호화폐는 기술적으로 그렇게 만들어지지 않았거든. 한번 자세히 알아보자.

암호화폐를 없앨 수 있을까?

비트코인은 네트워크라서 없애 버리려면 세상의 모든 인터넷을 꺼야 하는데 이건 불가능해. 하지만 거래소를 통제하는 간접적인 방법으로 규제할 수는 있어. 이미 우리나라는 정부에서 승인한 거래소에서만 암호화폐를 살 수 있게 하고 있어. 이렇게 정부가 거래소를 관리한다는 건 암호화폐를 사는 사람을 관리하는 걸 의미해.

하지만 암호화폐를 산 이후에는? 정부가 할 수 있는 건 거의 없어. 구매자가 암호화폐를 어디에 보냈는지, 무엇을 샀는지 등등 암호화폐의 행방을 알아내긴 어렵거든. 예를 들어 디파이(DeFi)로 이자 농사를 지어서 수익을 얻었다고 해보자. 그러면 정부는 여러분이 얻은 수익에 과세할 수 있을까? 기존 시스템으로 이런 수익에 과세할 수 있는 방법이 없어. 정부로서 암호화폐는 준비되지 않은 변화인 셈이야.

▶ DeFi란 decentralized finance의 줄임말로 탈중앙화된 금융이란 뜻이야.

암호화폐의 익명성과 책임의 균형

암호화폐는 사용한 사람을 은행 자체로 만들어. 은행은 우리 재산을 안전하게 보관해 주는 역할을 하지? 하지만 암호화폐는 그런 역할을 스스로 해야 해. 지갑과 키를 신중하게 관리해야 하는 숙제가 생기는 거지. 암호화폐로 얻을 수 있는 큰 이득에는 그만큼 자유와 책임이 따르는 거야.

그래서 아주 귀중한 가치를 지닌 암호화폐를 대충 관리하다가 영원히 잃어버린 사람도 있어. 그래서 암호화폐를 사용할 생각이라면 스스로 관리 책임을 완벽하게 질 수 있는지 고려해 봐야 해. 만약 철저하게 관리할 자신이 없다면 은행이 오히려 더 좋은 선택일 수도 있어.

암호화폐와 개인 정보 보호 문제

암호화폐 세상에는 모든 정보가 공개돼. 예를 들어 누군가 내 비트코인 주소만 알면 나에게 돈이 얼마가 있는지, 얼마를 받았는지, 얼마를 송금했는지 등 모든 정보를 알아낼 수 있어. 아주 세세한 정보까지 말야. 누구든 자신의 금융 거래 기록을 공개하고 싶지 않을 거야. 그렇다면 은행이 괜찮은 대안이겠지? 은행이 개인 정보를 보호해 주고 해킹도 대비해 줄 테니까 말이야.

암호화폐로 사기를 당하지 않으려면

이제 사기꾼 이야기를 해볼까? 만약 돈을 디파이에 맡겼는데 해당 프로젝트가 망하거나 개발자가 도망가 버리면 누구에게 도움을 요청할 수 있을까? 정답은 '누구에게도 도움을 요청할 수 없다'야. 슬프게도!

암호화폐 주변에는 늘 사기꾼이 넘쳐나. 바글바글하지. 그래서 아무도 믿을 수 없어. 몇몇 암호화폐 거래소는 해킹 관련 주소다 싶으면 아예 접속을 막아 버리기도 해. 그러면 우리는 어떻게 해야 할까? 스스로 암호화폐 관련 공부를 열심히 하는 수밖에 다른 방법이 없어. 다시 한번 강조하지만 암호화폐는 여러분 스스로 은행인 거야. 암호화폐 공부도, 조사도 모두 혼자서 해야 해. 여러분에게 도움이 될 만한 사기 감별 노하우를 공유해 줄게.

사기 감별 노하우 1. 모든 코인에 가치가 있는 건 아니다

사실 코인 만들기 자체만 놓고 보면 매우 쉬워. 누구나 코드를 복사해서 코인을 만들 수 있지. 그래서 코인은 무조건 가치가 없어. 이 사실을 항상 기억해야 해.

사기 감별 노하우 2. 암호화폐에 대해 수식어를 남발하는 사람은 거르자

예전에 인터넷을 검색하다가 어떤 암호화폐 사이트에 접속했더니 '탈중앙화된 오라클 프로토콜을 사용한, 머신러닝에 최적화된 유동성 풀을 만든 코인'이라고 자신이 만든 암호화폐를 소개하는 글이 있었어. 이렇게 복잡하고 어렵게 표현한 사이트는 피하는 게 좋아. 실제로 이 사이트는 가치가 없는 코인을 파는 곳이었어.

사기 감별 노하우 3. 코인, 커뮤니티 등 진짜 정보를 살펴라

만약 마음에 드는 암호화폐 프로젝트를 발견했다면 사이트를 소개하는 글은 무시하는 게 좋아. 거기에는 진짜 정보가 없거든. 다음은 암호화폐의 진짜 정보를 알아보는 질문이야.

암호화폐 진짜 정보 알아보는 질문

- 코드의 마지막 업데이트 날짜는 언제인가?
- 커뮤니티에 얼마나 많은 사람이 참여했는가?
- 커뮤니티에서 가격 이야기만 떠들고 있는가?

만약 코드 업데이트 날짜도 오래되었고, 커뮤니티에 글은 많이 올라오는데 가격 이야기만 한다면 그 암호화폐 프로젝트는 관심을 접는 것이 좋아. 가격만 올려서 팔고 도망가는 곳일 수도 있거든.

▶ 가격만 올려서 팔고 도망가는 것을 펌프 앤 덤프(pumps and dumps)라고 해.

사기 감별 노하우 4. 탈중앙화된 코인인지 살펴라

많은 사람들이 '이 코인은 어때요? 저 코인은 어때요?' 물어보는데, 그런 질문을 하기 전에 꼭 봐야 할 것은 '코인이 탈중앙화되어 있는가'야. 왜냐하면 코인이라고 전부 다 암호화폐이고 탈중앙화된 것은 아니거든. 그럼 탈중앙화되지 않은 코인이 뭐냐고? 그 코인은 만든 곳에서 언제든지 마음대로 할 수 있어. 매우 위험한 코인인 거지.

사기 감별 노하우 5. 이론상 안전한 코인을 골라라

스테이블 코인(stable coin)은 '안정된' 코인이란 뜻이야. 스테이블 코인은 다른 자산에 코인 가치가 연결되어 있어서 가격 변동이 거의 없다는 특징이 있어. 그런데 책임져야 할 회사가 도망가면 어떻게 될까? 그럼 스테이블 코인도 망하겠지? 그럴 때는 DAI라는 코인을 한 번 살펴보면 좋아. DAI 역시 스테이블 코인인데 보증 주체가 회사가 아니라 알고리즘이야. 코인의 안정성을 알고리즘이 보증해. 하지만 알고리즘도 다 믿을 수는 없어. 아무튼 안전한 코인을 고를 수 있도록 계속 공부하는 것이 중요해.

DAI 로고

▶ DAI는 dynamic ARP(address resolution protocol) inspection의 줄임말이야. DAI는 다이라고 읽어.

결론은, 코인은 항상 조심하는 수밖에 없다는 거야. 사기꾼을 완전히 차단할 수 없는 것이 현실이거든.

IT 쿠키 상식 | 재택근무 고수의 노하우!

코로나가 휩쓸고 지나가면서 전 세계적으로 재택근무가 활발하게 이루어졌어. 재택근무를 한 독자도 많을 텐데 어땠어? 좋았다는 사람도 있지만 잘 맞지 않는 사람도 꽤 있었을 거야. 회사에서 일할 때 생산성이 더 좋았다고 하는 사람도 있거든. 맞아. 재택근무는 자신을 통제할 수 있어야 해. 자기 절제와 훈련이 되어 있지 않으면 생각보다 쉽지 않지. 점심 먹고 나서 소파에 앉아서 커피 마시고 유튜브 시청하다 보면 시간이 훌훌 날아가 버리니까. 나도 예전엔 그런 적 있는데 지금은 아니야. 어떻게 그럴 수 있었냐고? 지금부터 재택근무 고수의 노하우를 알려 줄게!

재택근무 노하우 1: 일의 시작과 끝을 의식적으로 표시하기

시간 낭비를 막기 위해 내가 만든 첫 번째 규칙이야. 일의 시작과 끝을 표시하는 거지! 사무실에서 일할 때는 출근하면 일이 시작되고 퇴근하면 끝나잖아? 그런데 재택근무는 계속 집에 있다 보니 일의 시작과 끝을 공간으로 구분할 수 없어. 그래서 일의 시작과 끝을 구분할 수 있도록 계속해서 생각하고 행동해야 해. 이렇게 말이야.

출근 (샤워를 하고, 옷을 갈아입으면서) *"자, 지금부터 업무 시작!"*

퇴근 (편한 옷으로 갈아 입고, 유튜브를 틀면서) *"이제 업무 끝!"*

나는 일단 아침에 샤워를 해. 그런 다음 셔츠를 입어. 내가 셔츠를 입는 건 그날 약속이 있어서가 아니야. 일할 시간이라는 느낌을 주기 위한 거지. 그렇게 일을 하고 오후 7~8시가 되면 퇴근한 뒤의 행동을 하는 거야. 편한 옷으로 갈아입고, 소파에서 뒹굴면서 유튜브를 보는 거지. 의식적으로!

🎬 재택근무 노하우 2: 일하는 공간 명확하게 구분하기

그리고 여유가 있다면 일하는 방을 따로 두는 것도 좋아. 집이 원룸이라면 특정 공간을 머릿속으로 정해 두면 도움이 될 거야. 여기서는 일을 하고 저기서는 쉬는 거라고 규칙을 정하는 거지. 다음처럼 말이야.

재택근무 시 공간 사용 규칙

- **규칙 1**. 일하는 방에서는 쉬지 않는다.
- **규칙 2**. 쉬고 싶다면 반드시 그 공간을 빠져나온다.

일하는 공간을 명확하게 구분하는 것은 정말정말 중요해. 재택근무라고 해서 소파, 침대처럼 보통 쉬려고 마련한 공간에서는 일하지 마. 여러분의 두뇌에게 '여기는 일하는 공간이다'라고 확실하게 알려 주는 게 좋아. 출근해서 사무실에 앉으면 자동으로 '일하는 곳, 일 시작'이라고 인식하고, 퇴근해서 집에 와서 소파를 보면 '쉬는 곳'이라고 인식하는 것처럼. 재택근무할 때 집에서도 이런 인식을 도입해 줘야 해. 집이 좁아도 최대한 분리해서 나만의 오피스 공간을 만드는 게 좋아. '이 책상에 앉으면 일이 시작된다' 정도로 구분해도 좋아. **여기서 핵심은 머릿속에 일의 시작과 끝을 계속해서 알려 주는 거야.** 별것 아닌 것 같지? 하지만 실제로 매일 해보면 쉽지 않을 거야. 하지만 효과는 분명해! 나는 이 방법으로 집중력 향상에 도움을 많이 받았어. 꼭 해보길 바랄게!

🎬 재택근무 노하우 3: 함께 사는 사람에게 알리기

혼자 사는 사람에게 해당하는 노하우는 아니지만, 많은 사람이 가족과 함께 사니까 이 방법도 공유해 줄게. 여러분과 공간을 공유하는 가족이 있다면 커뮤니케이션이 필요해. 어떤 커뮤니케이션이냐 하면 여러분이 '나는 일하고 있어요'라는 사실을 알려 줄 필요가 있다는 거야. 왜냐하면 가족은 여러분의 재택근무를 심각하게 받아들이지 않을 수도 있거든. 사람은 모두 생각이 다르니까 말이야! "뭐하고 있어?", "이거 먹어 볼래?", "나와서 이것 좀 봐", "커피 마시러 가자"와 같이 중간중간 말을 거는 행동을 아무렇지 않게 할 수 있거든.

하지만 여러분은 몸이 사무실에 있지 않을 뿐이고 회사 일을 하는 중이니까 이런 상황을 그때마다 알려 줘야 해. 예를 들어 오전 8시부터 오후 1시까지 말을 걸지 말아 달라고 꼭 부탁하고 나서 일을 시작하거나, 간식이 있어도 나중에 먹을 테니 챙겨 주지 않아도 된다고 미리 이야기하는 거지. 물론 간식은 너무 좋지만! 어떤 사람은 그런 상황도 피하고 싶을 수 있어. 그만큼 여러분의 상황을 디테일하게 알려 줘야 한다는 거야. 집에 있으면 아무래도 말을 걸기가 편해서 집중하기 힘들게 할 수 있으니까!

43
에피소드

하이브리드…앱? 뭐라고요?

#웹_앱 #하이브리드_앱 #웹_뷰 #크로스 플랫폼_앱 #플러터 #다트 #네이티브_앱

만약 개발 쪽에 관심이 있다면 모바일 애플리케이션을 선호하는 사람이 많을 거야. 우리는 일상생활을 하면서 모바일 애플리케이션을 가장 많이 사용하니까. 근데 요즘에는 모바일 애플리케이션을 개발하는 방식이 정말 다양해졌어. 그래서 잠깐 설명할 거야.

우선 모바일 애플리케이션이라 하면 iOS 앱, 안드로이드 앱을 말해. 이건 알지? iOS는 아이폰이나 아이패드, 안드로이드는 갤럭시폰이나 탭처럼 모바일에서 동작하는 운영체제야. 그리고 이 녀석들 위에서 돌아가는 애플리케이션을 만드는 방법에는 보통 세 갈래의 선택지가 있어. 바로 하이브리드 방식, 크로스 플랫폼 방식, 네이티브 방식이지. 여기에 앱이라는 단어만 붙여서 그 방식으로 만들어진 애플리케이션을 하이브리드 앱, 크로스 플랫폼 앱, 네이티브 앱이라고 하는 거야.

그러면 여러분에게는 어떤 방식으로 개발하는 것이 맞을까? 각각 장단점이 있어. 그것을 지금 알려 줄 테니 나중에 공부 방향을 잡을 때 참고해.

하이브리드 앱

가장 먼저 하이브리드 앱을 살펴보자. 하이브리드 앱은 사실 웹 사이트를 보여 주는 웹 뷰를 말해. 웹 뷰가 뭐냐면, 브라우저의 윈도우 부분을 말해. 그러니까 주소 창(내비게이션)이 없는 브라우저를 웹 뷰라고 생각하면 돼. 다음은 보통 웹 브라우저에서 웹 뷰에 표시한 거야. 이렇게 웹 뷰로 만든 앱을 웹 앱이라고 하지.

웹 브라우저에서 주소 창을 제외한 나머지 부분을 웹 뷰라고 한다

다시 돌아와서 그럼 하이브리드 앱은 뭐냐! HTML, CSS, 자바스크립트로 개발한 웹 앱을 iOS에서도 안드로이드에서도 쓸 수 있도록 하이브리드(hybrid)로 만들어 앱을 판매하는 곳으로 보내는 거야. 구글 플레이스토어나 앱 스토어 같은 곳 말이지! 사용자는 이것을 내려받아서 쓰는 것이고 말야. 사용자는 그냥 앱이라고 생각하면서 여러분이 만든 앱을 사용하겠지만, 결국 그들이 보는 것은 주소 창(내비게이션)이 없는 브라우저인 것이지. 여기서 하이브리드 앱의 장단점을 알아보자.

하이브리드 앱의 장점 네이티브 앱 개발 지식이 필요 없음!

하이브리드 앱의 장점은 네이티브 앱의 개발 지식이 크게 필요하지 않다는 거야. 하이브리드 앱은 HTML, CSS, 자바스크립트만 알아도 충분히 개발할 수 있어. 이게 하이브리드 앱의 최고 장점이야. 만약 여러분이 웹 개발자라면 뭔가를 새로 배우지 않아도 모바일 앱을 개발할 수 있으니 정말 좋은 거지!

하이브리드 앱의 단점 UI를 한 땀 한 땀 짜야 해서 귀찮음!

단점은 UI(user interface)를 직접 한 땀 한 땀 짜야 한다는 거야. 그리고 스마트폰의 성능을 온전히 활용하지 못해. 예를 들면 비디오 프로세싱과 같은 작업은 할 수 없어. 왜냐하면 자바스크립트로는 스마트폰을 그렇게까지 제어할 순 없거든. 기본 카메라 기능, 위치 확인, 네트워크 정보를 얻는 정도만 할 수 있어. 스마트폰의 고급 하드웨어 기능을 활용하기는 어렵다는 거야. 아무튼! 하이브리드 앱을 만들고 싶다면 아파치 코르도바(Apache Cordova)를 찾아봐.

코르도바 로고

크로스 플랫폼 앱

크로스 플랫폼 앱은 특정한 언어로 코딩하면 나중에 iOS, 안드로이드가 이해할 수 있는 코드로 변환해서 만들어. 예를 들면 리액트 네이티브 기술을 사용하면 리액트에서 이해할 수 있는 방식으로 코딩하면 되는데, 이 코드는 결국 자바스크립트 코드로 변환돼. 그 변환된 코드를 iOS, 안드로이드가 자바스크립트 엔진으로 실행하고 말야. 플러터(Flutter)라는 기술도 있는데 이 기술은 다트(Dart)라는 언어로 코딩하면 돼. 그리고 이 코드는 결국 C 언어나 C++ 언어로 변환되지. C 언어, C++ 언어는 모두 iOS, 안드로이드에서 이해할 수 있어서 바로 실행할 수 있지. 이런 방식으로 만드는 앱을 크로스 플랫폼 앱이라고 해.

크로스 플랫폼 앱 개발에서 가장 중요한 특징은 어떤 언어로 코드를 작성하면 그 코드가 나중에 네이티브 코드로 변환된다는 거야. 클로스 플랫폼 앱의 장단점을 알아보자.

크로스 플랫폼 앱의 장점 개발자가 익숙한 코드로 한 번만 작성해도 OK!

이렇게 하는 이유가 뭐냐고? 코드를 한 번만 작성해도 iOS, 안드로이드라는 두 환경에서 실행할 수 있다는 장점이 있기 때문이지. iOS, 안드로이드만을 위한 코드는 언어가 달라서 각각 따로 코딩해야 하거든. 하지만 크로스 플랫폼 방식으로 개발하면? 한 번에 앱을 2개 만들 수 있어서 시간을 크게 절약할 수 있어.

크로스 플랫폼 앱의 또 다른 장점은 배경이 다양한 개발자가 한자리에 모인다는 거야. 그 덕분에 다양한 형태의 라이브러리, 튜토리얼이 생겨서 커뮤니티가 발전하는 거지. 그래서 크로스 플랫폼 앱은 많은 개발자들에게 매력적이지.

크로스 플랫폼 앱의 단점 네이티브 앱의 성능은 아직 따라갈 수 없음!

크로스 플랫폼 앱의 단점이라면, 네이티브 앱의 성능을 아직 따라갈 수 없다는 거? 이건 기술적인 한계인데, 하이브리드 앱 설명할 때 말했듯이 크로스 플랫폼 앱은 네이티브 언어로 변환하는 과정이 있어서 성능에는 조금 문제가 있을 수 밖에 없어. 다만 크로스 플랫폼 앱은 느리진 않아. 물론 엄청난 성능을 내야 한다면 네이티브 앱이 더 낫겠지. 하지만 모든 앱에 그런 성능이 필요하진 않잖아? 적절하게 쓰기만 한다면 크로스 플랫폼 앱 개발 방식은 최고의 선택지라고 생각해. 실제로 인스타그램의 일부는 리액트 네이티브로 개발했어.

네이티브 앱

이제 네이티브 앱을 말할 차례야. 네이티브 앱은 말 그대로 iOS만을 위한, 또는 안드로이드만을 위한 언어로 코드를 작성하여 개발했어. iOS는 스위프트라는 언어를 사용하고, 안드로이드는 자바나 코틀린이라는 언어를 사용해서 만들어. 네이티브 앱의 장단점을 알아보자.

네이티브 앱의 장점 스마트폰의 성능을 최대로 사용할 수 있음!

장단점은 자연스럽게 앞에서 설명한 앱들과 반대라고 생각하면 돼. 스마트폰의 성능을 최대로 사용할 수 있다는 거지. 왜냐하면 코드와 스마트폰 사이에 중간 단계가 하나도 없이 잘 연결되어 있으니까!

네이티브 앱의 단점 다른 앱에 비해 배우는 데 시간이 2배 걸림!

하지만 iOS, 안드로이드를 위한 언어를 몽땅 배워야 한다는 게 큰 단점이야. 같은 앱을 만들어도 어쨌든 2개의 앱을 만드는 시간이 필요한 거지. 그뿐만이 아니라 유지·보수도 따로 해야 해. 모든 장점에는 단점이 있으니까!

이제 앱 개발 아이디어가 떠오르면 어떤 방식으로 앱을 개발해야 하는지 감이 올 거야. 개발 방식마다 특성을 설명했으니 자신에게 맞는 방식을 선택해서 멋진 앱을 만들어 봐!

에피소드 44

NFT가 도대체 뭐길래?

#780억_원이나_하는_그림 #유일한_원본 #대체_불가능한_토큰 #스마트_계약

NFT! 여기저기서 많이 들어 봤을 거야. 그림 하나가 몇 억 원씩 하고, NFT를 판매해서 대박 났다는 뉴스 기삿거리는 이제 우리에게 일상이 되었지. 잠깐 유행하는 것일 수도 있지만 NFT는 꼭 알아야 하는 개념이야. 특히 인터넷을 사용하는 사람이라면 NFT가 무엇인지 알아야 해. 왜냐하면 NFT는 우리 산업 전반을 바꿀지도 모르거든. 실제로 NFT에 기반한 어떤 VR 카지노 서비스에서 인력을 고용한다는 글을 봤는데, 앞으로 NFT 때문에 우리가 일하는 장소의 일부는 VR 세상이 될 수도 있겠다는 생각이 들었어. 그러니 'NFT는 사기다'라는 생각은 잠시 접어 두고 도대체 이게 무엇인지 알아보자.

780억 원이나 하는 NFT 작품, 대체 왜?

이 작품을 볼까? 무려 780억 원이나 하는 녀석이야. 이 작품은 비플(Beeple)이라는 작가의 작품 5,000개를 합쳐서 만든 결과물이야. 비플은 작품을 하루에 1개씩 꾸준히 만들어

비플의 작품

왔는데, 그걸 몽땅 모아서 NFT 경매에 내놨어. 낙찰가는 무려 780억 원! 말도 안 되는 가격이라고 생각하는 사람이 많을 거야. 부럽기도 하고! 하지만 이건 예술가가 자신의 작품을 제대로 보상받을 수 있는 멋진 세상이 되었다는 증거이기도 해. 아무튼 NFT는 대관절 무슨 뜻일까?

▶ 비플(Beeple)은 마이클 윈켈만(Michael Winkelmann)을 말해. NFT 판매로 유명한 미국의 디지털 아티스트이자 그래픽 디자이너, 애니메이터야. <에브리데이즈(Everydays)>라는 작품이 유명해.

NFT란? 대체 불가능한 토큰

NFT는 non fungible token의 줄임말로 대체 불가능한 토큰을 말해. '대체할 수 있는'을 뜻하는 fungible 앞에 '아닌'을 뜻하는 non이라는 단어가 붙어서 만들어진 용어지. 토큰은 조금 이따가 설명하고, 우선 '대체 불가능한'에 집중해서 알아보자. '대체 불가능하다'라는 건 무슨 뜻일까? 내가 1달러를 가지고 있고, 여러분도 1달러를 가지고 있다고 해보자. 그리고 서로 1달러를 교환하는 건? 어렵지 않지. 이것이 대체할 수 있다는 개념이야. 영어 단어로는 fungibility. 그래서 그 반대인 non fungibility는 대체 불가능한 것을 말해. 땅이나 한정판 신발, 전세 계약 같은 것들 말야.

원리로 알아보는 토큰의 의미

그렇다면 토큰이란 무엇일까? 일단 토큰이라는 것은 이더리움(Ethereum)과와 같은 블록체인으로 발행하는데, 원리는 아주 간단해. **토큰에는 2가지 핵심 기능, 즉 '돈을 받는 기능'과 '돈을 받고 토큰을 보내 주는 기능'이 반드시 있어야 하거든?** 그것을 합쳐서 스마트 계약(smart contract)이라고 하는데, 이 기능을 구현하면 되는 거야. **토큰을 잘 활용한 예가 바로 코인이야.** 예를 들어 내가 니꼬라는 코인을 발행한다면? 니꼬 코인 계약을 만들면 돼. 그리고 그 니꼬 코인 계약에는 다음 기능이 포함되겠지.

니꼬 코인 계약에 포함된 기능

- 누군가 나에게 달러를 주면, 그것을 받는다.
- 달러를 받고, 니꼬 코인을 보내 준다.

근데 코인은 여러 개 있을 수 있어. 그러니 화폐처럼 쓰이는 거지. 그런데 여기서 내가 토큰을 딱 1개만 발행할 수 있도록 스마트 계약을 만들면 어떻게 될까? 그리고 그 안에 이미지를 넣는 거야. 이미지 외에 영상, 노래, 전세 계약서 등을 넣을 수도 있겠지!? NFT가 바로 이렇게 탄생하는 거야. 그리고 아까 780억 원짜리 그림 이야기로 돌아가면, 실제로 돈을 주고 산 것은 그림이 아니라 단 한 번만 발행된 토큰이라는 것을 알 수 있어. 그림이 들어 있는 유일무이한 토큰 단 1개만 산 거지!

그래서 NFT 그림은 왜 이렇게 비쌀까?

자, 궁금증은 여전히 남아 있어. 그러면 도대체 왜?! 그렇게 큰돈을 주고서 토큰을 사는 걸까? 사실 인터넷에서는 누구든 그 이미지를 내려받을 수 있거든. 허락받지 않고도 인쇄해서 인테리어 소품으로 사용할 수도 있고 말야. 하지만 〈모나리자〉를 생각해 봐. 구글에서 '모나리자'를 검색하면 누구나 그림을 볼 수는 있지만 루브르 박물관에서 실물을 보는 것과는 다를 거야. 왜냐하면 사람들은 레오나르도 다빈치를 화가로 여겨서 그 사람이 그린 진짜를 보고 싶어 하거든. **유일한 원본, 진짜라는 사실이 가치를 크게 높여 주는 거야.** 그리고 유일한 원본임을 증명하는 기술이 바로 NFT야. 아까 언급한 그림도 NFT 자체가 유일하다는 것을 증명하는 기술이므로 780억 원을 주고 그 유일함을 산 것이라고 할 수 있지. 여기서 NFT가 다양한 산업에서 이루는 혁신 가능성을 살펴볼 수 있어. 이미 트

〈모나리자〉를 보려고 몰려든 관광객

윗을 NFT로 발행해서 판매한 사례가 있지. 트위터 역사의 시작을 알린 첫 번째 트윗, 트위터 창업자 잭 도시(Jack Dorsey)의 트윗은 NFT에 담긴 채로 32억 원에 팔렸어.

다른 것도 충분히 이렇게 팔릴 수 있어. 유명한 사람들의 트윗, 인스타그램 사진 등 이런 것들이 전부 NFT에 담긴다고 상상해 봐. 팬들은 그것을 사고 싶어 하겠지. 왜냐하면 사람은 유일한 것을 보고 싶고 갖고 싶어 하니까!

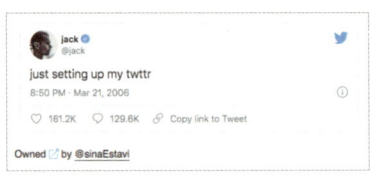

32억 원에 판매된 역사상 첫 번째 트윗

복사 & 붙여넣기하기 쉬운 요즘 세상에서 NFT의 콘셉트는 아직 시기상조이지만 NFT에 대한 인식은 점점 바뀔 거야. 왜냐하면 NFT는 인터넷 세상에서 재산권을 증명하는 기술이 될 테니까 말야.

23억 원이나 하는 게임 캐릭터 NFT, 도대체 왜?

앞에서는 그림이나 트윗 같은 것들을 이야기했는데 게임에서도 이런 사례가 있어. 〈액시 인피니티(Axie infinity)〉는 작은 생명체를 전투할 수 있도록 키우는 간단한 캐릭터 육성 게임인데, 이 캐릭터의 가격이 얼마인지 알아? 이 녀석이 2020년에 팔렸는데 가격이 무려 160이더(ETH)였어. 대략이지만 현

재 이더리움 코인의 시세는 이더당 1,458,000원이거든? 160 × 1,458,000원이면? 23억 원쯤 하는 거지! 정말 놀랍지?

〈액시 인피니티〉 게임 화면

이걸 구매한 사람은 아주 만족스러울 거야. 왜냐하면 이 캐릭터의 소유권이 자신에게 있으니까. 이 게임을 만든 회사도 이 캐릭터의 소유권을 빼앗을 수는 없어.

유일함을 소유할 수 있게 해주는 NFT

NFT를 통해 디지털 속에 유일함, 소유권이라는 개념이 생겼어. 누구든지 그림, 영상을 비롯해 모든 것을 판매할 수 있는 세상이 다가온 거야! 이 녀석 덕분에 많은 산업에 변화가 생길 거야. 새로운 직업도 생기겠지. 이를테면 NFT를 전시할 수 있는 멋진 디스플레이, 프레임이 필요하지 않을까? 그것을 만드는 사람도 필요하고 말야. 유명한 밴드의 콘서트 티켓을 NFT로 판매할 수도 있고! 이제는 NFT가 무엇인지 잘 알겠지? NFT는 우리 삶을 바꿀 수 있는 혁신적인 기술이야.

에피소드 45

멀웨어, 바이러스, 웜 개념 몽땅 정리

#스턱스넷 #멀웨어 #악의적_소프트웨어 #웜_바이러스 #복제_방식_다름

여기서는 역사상 가장 복잡하고 강력했던 사이버 무기 스턱스넷(Stuxnet)을 이야기할 거야. 그런데 사이버 무기를 말하려면 멀웨어가 무엇인지 먼저 알아야 해. 왜냐고? 사이버 무기로 사용하는 것이 바로 멀웨어이거든. 보안에 관심이 있다면 멀웨어, 바이러스, 웜은 한번쯤 들었을 만한데, 이참에 가볍게 정리해 줄게.

▶ 스턱스넷은 2010년 6월에 발견된 녀석이야. 마이크로소프트 윈도우를 통해 감염되었어.

멀웨어가 뭐지?

멀웨어(malware)는 malicious(악의 있는)와 software(소프트웨어)의 합성어야. 뜻을 풀어 보면 악성 소프트웨어인데 컴퓨터를 감시하거나 파괴하는 녀석을 말한다는 걸 알 수 있어. 이런 사이버 무기는 국가나 특정 기관에서 만들어 사용한다고 해. 다른 국가의 핵심 시설이나 인프라를 감시하거나 파괴하려고 제작하지.

바이러스와 웜이 달라?

멀웨어 중에서도 바이러스(virus)와 웜(worm)이 가장 많이 알려졌지. 이 두 녀석을 같은 것으로 여기는 사람이 많아. 하지만 두 녀석은 복제 방식부터 달라. 어떤 차이점이 있는지 좀 알아볼까?

숙주가 필요한 바이러스

아까 말했듯이 바이러스와 웜은 복제되어 전파돼. 이건 같은 점이지. 그런데 바이러스는 숙주가 필요해. 생물학에서 이야기하는 바이러스랑 같은 거지! 그래서 '감염된 파일을 내려받았다'고 표현하는 거야. 어떤 파일을 내려받아서 열 때 감염되었다면 그 파일이 숙주야. 바이러스는 그 파일 안에 들어 있고 말이지.

내려받은 파일 안에 바이러스가 들어 있다

숙주가 필요 없는 웜

웜은 숙주가 필요하지 않아. 웜은 자기 자신을 복제하면서 전파돼. 그냥 USB를 통해서도 전파할 수 있는 징그러운 녀석이지. 그리고 앞에서 소개하려고 했던 사이버 무기가 바로 웜이야. 그러니 웜이 무엇인지 알아야겠지? 웜은 어떻게 구성되어 있을까?

웜은 컴퓨터를 어떻게 파괴시킬까?

웜은 미사일(missile)과 페이로드(payload)가 필요해. 웜은 미사일을 통해 컴퓨터 안에 침투하고, 그 순간 페이로드를 배포하는 방식으로 컴퓨터를 파괴시켜.

이렇게 설명하면 미사일은 중요하지 않다고 생각할 수 있는데, 사실은 미사일이 더 위험해. 왜 그럴까?

미사일은 페이로드를 싣고 날아간다!

컴퓨터의 아주 깊은 곳까지 들어갈 수 있는 미사일

웜이 이동하는 가장 흔한 시나리오는 감염된 컴퓨터에 있다가 USB 같은 저장 장치와 연결되면 이것을 타고 다른 컴퓨터에 침투하는 거야. 즉, 감염된 내 컴퓨터에서 사용하던 USB를 여러분에게 쓰라고 빌려 줬다면 여러분의 컴퓨터도 웜에 감염되는 거야. 웜은 암호화된 상태로 여러분의 컴퓨터에 도착해서 스스로 암호를 해제하고 웜을 만들었던 본부에 연락해. 다음과 같은 방식으로 말이지.

USB를 통해 웜이 침투해서 얻은 컴퓨터 정보와 보내는 곳

- 본부 주소: mypremiumfootball.com, todaysfootball.com
- 본부로 보낸 정보: "이 컴퓨터의 IP 주소는 132.111.123.123이고 와이파이, 운영 체제 정보는 무엇무엇입니다."

그런데 이 녀석이 더 위험한 이유는 컴퓨터의 루트에 설치된다는 사실 때문이야. 컴퓨터는 보안 구조가 오른쪽과 같이 양파처럼 여러 겹으로 되어 있지.

보안 구조는 바깥쪽부터 애플리케이션 링, 드라이버 보안 링 등인데 두께가 매우 두꺼워. 그리고 가장 깊은 곳에는 중앙 보안 링이 있는데 바로 여기에 운영체제가 있어. 그리고 웜은 바로 이곳에 설치돼. **컴퓨터의 모든 자원을 관리하는 운영체제 바로 옆자리에 말이지.** 이 말은 웜이 백신 프로그램보다 우위에 있다는 것을 의미해. 쉽게 말해 웜은 백신 프로그램 위에서 어떤 녀석을 감시하는지도 볼 수 있고, 어떤 녀석을 보라고 할 수도 있다는 이야기야. 어떻게 가능할까?

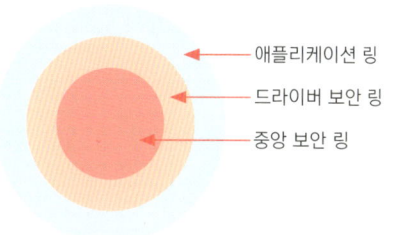

컴퓨터의 보안 링 구조(자료)

아무도 발견하지 못한 프로그램의 취약점, 제로 데이

바로 제로 데이(zero day) 취약점이라는 것 때문이야. 제로 데이는 쉽게 말해서 아직 아무도 발견하지 못한 프로그램의 취약점을 뜻해. 어떤 프로그램을 개발할 때는 늘 취약점이 남기 마련이거든? 그런데 그 취약점은 발견되는 날까지는 고칠 수 있는 시간이 아예 없는 거나 마찬가지잖아? 그래서 제로 데이라고 한 거야. 아무튼 이런 이유로 제로 데이는 엄청 희귀하고 비싸.

그런데 지금 소개하는 스턱스넷이라는 웜은 제로 데이를 무려 4개나 가지고 있었어. 마이크로소프트도, 그 어떤 백신 프로그램을 다루는 곳에서도 모르던 그 제로 데이를! 이런 웜은 천재 개발자 1명이 뚝딱 만들 수 있는 게 아니야. 거대한 조직이 뒷받침해 줘야 가능하지.

컴퓨터 드라이버까지 설치한 스턱스넷, 대체 얼마나 위험한 거야!?

스턱스넷은 컴퓨터 드라이버를 설치하기도 했어. 운영체제와 컴퓨터 부품(모니터, 키보드, 마우스 등)을 연결하려면 컴퓨터 드라이버는 꼭 필요한 프로그램이거든? 그런데 이 녀석은 리얼텍(Realtek)이라는 대만 회사의 인증 자료로 컴퓨터 드라이버까지 설치한 거야.

컴퓨터의 주요 부품을 만드는 리얼텍과 게 모양의 리얼텍 로고

이 사실이 정말정말 중요한데, 이런 중요한 자료는 에어갭(Air gap) 컴퓨터에 저장하거든. 에어갭 컴퓨터는 인터넷에 절대로 연결하지 않는 컴퓨터를 말하는데 이렇게 보관한 자료도 훔쳐서 웜을 만든 거야. 누군가 리얼텍 회사에 접근해서 해당 자료를 추출했다는 얘기지. 〈미션 임파서블〉에서나 볼 수 있는 살 떨리는 미션이었을 것 같아.

여기까지만 들어도 무시무시한데 아직 끝나지 않았어. 스턱스넷은 컴퓨터를 감염시킨 다음, 아무 일도 하지 않았어. 컴퓨터를 10만여 대나 감염시켰다고 하는데, 그 외에는 아무것도 하지 않았어. **왜냐하면 이 웜은 공격을 시작할 때 특별한 발동 조건이 있었기 때문이야.** 조건이 발동하지 않으면 페이로드가 배포되지 않도록 만들어진 거야. 미사일을 온 동네방네 다 뿌렸지만 미사일을 바닥에 꽂기만 하고 터뜨리지는 않은 거지. 스턱스넷은 컴퓨터를 감염시키고서는 공격해야 할 목표물인지 여부를 체크하고 다른 컴퓨터로 또 이동했어. 그럼 그 목표물은 무엇이었을까?

핵 원심 분리기를 노린 스턱스넷

스턱스넷은 감염된 컴퓨터가 WinCC라는 프로그램을 실행하면 페이로드를 배포해서 공격을 시작하도록 설계되어 있었어. WinCC는 지멘스(Siemens)라는 회사에서 만든 프로그램이거든? 이 프로그램은 PLC(programmable logic controller)라는 것을 관리하는데, 산업 현장에 있는 기계들을 감시하거나 제어하는 장치를 말해. 그리고 이 녀석은 PLC 중에서도 핵 원심 분리기를 찾고 있었어! 핵 원심 분리기는 농축 우라늄을 만드는 기계인데, 농축 우라늄은 핵무기의 핵심 자원이잖아! 엄청난 것을 노렸던 거지.

실제로 이 웜은 목표물 컴퓨터를 찾았어. 그리고 공격을 시작했지. 어떻게 공격했냐고? 처음 13일간은 놀랍게도 아무것도 하지 않았고, 그 후에 15분 동안 핵 원심 분리기의 회전 속도를 굉장히 빠르게 올렸어. 그리고 나서 26일 동안 다시 가만히 있었고, 그 뒤에 15분 동안 원심 분리기의 회전 속도를 떨어뜨리고… 이런 걸 왜 했냐고? 핵 원심 분리기는 매우 예민해서 회전 속도를 갑자기 빠르게 또는 느리게 하면 고장이 나. 분쟁 지역의 핵 시설을 마비시키기 위해 미국이나 이스라엘에서 퍼뜨렸다는 얘기도 있어.

스턱스넷은 마지막 사이버 공격이 아니야. 사이버 공격은 실제로 계속해서 진행되고 있고 점점 더 심해질 거야. 아마 모두가 이런 일을 대비해야겠지? 10년도 더 된 스턱스넷보다 더 강력한 웜이나 바이러스가 나올지도 모르니까!

🍪 IT 쿠키 상식 | 주니어 개발자가 빠르게 성장할 수 있는 비법

이 책을 펼친 사람은 대부분 개발에 관심이 있거나 이제 막 개발자가 되었을 거야. 그래서 이번에는 주니어 개발자를 위한 공부 비법을 준비했어! 여러분의 커리어에도 분명 도움이 될 거야.

🍪 나무가 아니라 숲 보기: 기술에만 집중하지 않기

웹 공부를 시작했다면 HTML, CSS 순서로 계획을 세웠을 거야. 이럴 때 다음처럼 생각하기 쉬워.

HTML부터 마스터하고 나서 CSS 공부해야지!

그런데 이렇게 공부하면 엄청 비효율적이야. HTML을 배우면서 CSS도, 더 나아가 자바스크립트 등 웹 공부를 어떻게 해야 하는지 쓱 둘러보는 것이 훨씬 좋아. 나무가 아니라 숲을 보라는 얘기야. 어떻게 하면 좋을지 조금 더 구체적으로 이야기해 줄게. 여러분이 사용하는 웹 사이트나 애플리케이션이 작동하는 방법을 알고 싶다고 해보자. 그러면 아마 다음처럼 먼저 생각할 거야.

인스타그램은 어떻게 만들었을까?

초보자에게는 좀 거창한 질문일 거야. 그래도 이 질문을 떠올리는 것이 좋아. 왜 그런지는 조금 이따가 말해 줄게. 아무튼 이 질문을 떠올린 뒤 친구에게 물어 보거나 구글에서 검색하면 장고라는 기술이 나올 거야. 장고의 실체를 알아보겠지? 그러면 파이썬이라는 언어를 알 수 있을 테고 말야. 그러면 다음처럼 공부 계획을 세울 거야.

인스타그램 제작 계획 세우기

- 웹 페이지를 만들려면 HTML, CSS, 자바스크립트를 공부하세요.
- 장고를 사용하려면 파이썬을 먼저 공부하세요.

여기서 오해하면 안 되는 것은, 장고나 파이썬을 당장 배우라고 얘기하는 게 아니란 거야. 웹 개발을 위해 어떤 과정을 공부할지 그림을 그리라는 거지! 이렇게 큰 그림을 먼저 그리면 HTML, CSS를 다 배웠을 때 그다음 발걸음을 자연스럽게 옮길 수 있어서 좋아. 학습에 동기 부여도 잘 되고 말야. 물론 인터넷에서 추천하는 경로를 보면서 공부할 수도 있어. 그런데 난 그 방법을 좋아하지 않아. 왜냐하면 프로그래밍은 자신이 필요한 것을 공부할 때 가장 효율적이거든.

🍪 할 수만 있다면 무료로 일해 보기: 실무 경험 쌓기

무료로 일하라니! 요즘 세상에 해서는 안 되는 말이잖아. 그런데 내가 진짜로 하고 싶은 말은 공짜로 일하라는 게 아니야. 실무 경험을 쌓으라는 것이지. 물론 취업한 이후에 실무 경험을 해야지. 그게 상식적이야. 하지만 냉정하게 생각해 보자. 요즘은 실무 경험에 준하는 면접 실력, 코딩 실력, 포트폴리오를 원해. 그게 없으면 취업하기가 정말정말정말 어려워. 아마 취업에 도전해 본 사람이라면 알 거야. 그리고 다음과 같은 사람에게는 이런 방법이 아주 효과적이야.

실무 경험을 쌓으면 좋을 사람

- 실무 경험이 필요하다고 느끼는 사람
- 스스로 행동력이 부족하다고 느끼는 사람
- 자신의 코딩 실력이 실무에 정말 쓸모가 있을지 궁금한 사람

만약 다른 방법으로 취업을 준비하고 있다면 그 방법을 써도 돼. 하지만 이렇다 할 방법이 떠오르지 않는다면 이 방법을 추천할게. 그리고 무료로 일하는 경험은 더 많은 것을 가져다 준다고 생각해.

예를 들어 레스토랑을 운영하는 삼촌을 위해 일을 도와준다고 가정해 보자. 만약 전화로만 예약 주문을 받고 엑셀로 데이터를 정리해 왔다면 예약 관리 사이트를 만들 수 있을 거야. **실제로는 별거 아닌 프로젝트지만 바로 이것이 여러분을 특별한 개발자로 만들어. 왜냐하면 이건 진짜니까!** 이 경험을 토대로 면접을 한다면? 학원에서 완전히 똑같은 프로그램을 만든 사람보다 더 많은 이야기를 할 수 있을 거야. 이건 실생활에서 고객에게 필요한 것을 기술로 제공해 준 경험이니까 연습용 프로젝트와는 다르지! 그리고 돈을 받고 한 일이 아니어서 책임져야 할 리스크도 적어.

자, 방금 말해 준 2가지 조언을 잘 조합하면 여러분은 분명 빠르게 성장할 수 있을 거야. 처음 개발을 시작할 때 나에게도 이렇게 조언해 준 사람이 있었다면 얼마나 좋았을까 싶네. 왜냐하면 나는 나중에 무료로 일해 주는 방법을 시도했는데, 이 경험으로 고객을 만날 수 있었고 그들이 정말로 원하는 것이 무엇인지 알게 되었거든. '일을 하면 당연히 돈을 받아야지!'라는 생각에 빠져서 처음엔 시도하지 않았는데, 지금 생각해 보니 더 빨리 해봤다면 좋았을 것 같아.

클론 코딩 방식으로 웹 기술을 공부하고 싶다면?

Do it!
클론 코딩 영화 평점 웹서비스

'클론 코딩'만큼 빠르고 효과적인 학습법은 없다!
리액트가 어렵게 느껴져서 망설이고 있다면?
이 책을 통해 진짜 영화 웹서비스를 만들어 보자!

난이도 ●●○
니꼴라스, 김형태 지음 | 16,000원

Do it!
클론 코딩 트위터

트윗 추가부터 수정, 삭제, 사진 등록, 프로필 페이지 등
실제 트위터 기능을 똑같이 구현하고,
서비스 배포까지!

난이도 ●●○
니꼴라스, 김준혁 지음 | 18,000원

Do it!
클론 코딩 줌

웹 소켓을 이용한 실시간 메시지 교환, 채팅룸 생성,
그리고 실시간 화상 채팅까지
줌의 핵심 서비스를 똑같이 만든다!

난이도 ●●○
니꼴라스, 강윤호 지음 | 18,000원

파이썬 프로그래밍을 기초부터 정식으로 배우고 싶다면?

Do it!
점프 투 파이썬

4년 동안 압도적 1위!
위키독스 누적 방문 200만!
검증은 이미 끝났다.

초보자의 마음을 가장 잘 이해하고
프로그래밍의 재미를 알려 주는 책

난이도 ●○○
박응용 지음 | 18,800원

Do it!
파이썬 생활 프로그래밍

뼛속까지 문과생인 지리학 박사가 집필한
파이썬 생활 프로그래밍 책!

웹 크롤링부터 데이터 분석까지,
11가지 프로그램을 내 손으로 직접 만든다!

난이도 ●●○
김창현 지음 | 20,000원

웹 프로그래밍을 기초부터 시작하고 싶다면?

Do it!
HTML+CSS+자바스크립트 웹 표준의 정석

웹 분야 1위! 그만한 이유가 있다!
키보드를 잡고 실습하다 보면
웹 개발의 3대 기술이 끝난다!

난이도 ●○○
고경희 지음 | 30,000원

Do it!
자바스크립트 입문

난이도 ●●○
고경희 지음 | 18,000원

Do it!
자바스크립트 +제이쿼리 입문

난이도 ●●○
정인용 지음 | 20,000원

Do it!
인터랙티브 웹 페이지 만들기

난이도 ●●●
최성일 지음 | 28,000원

안드로이드 앱 개발에 관심이 있다면?

Do it!
자바 완전 정복

'이제 막 프로그래밍에 입문한 사람'에게
꼭 필요한 기본기부터 '찐개발자'라면
꼭 알아야 할 내용까지!

난이도 ●●○
김동형 지음 | 30,000원

Do it!
안드로이드 앱 프로그래밍

강사를 길러 내는 명강사로 알려진
안드로이드 전문가이자 프로그래머인
저자의 명쾌한 설명과 함께
모바일 앱 개발을 시작해 보자.

난이도 ●●○
정재곤 지음 | 40,000원